Sebastian/Engelbrecht

Beste Freunde

Sebastian Engelbrecht

Beste Freunde

Als Deutscher in Israel

 EVANGELISCHE VERLAGSANSTALT
Leipzig

Sebastian Engelbrecht, Dr. theol., Jahrgang 1968. Nach der Ausbildung zum Redakteur an der Deutschen Journalistenschule in München studierte er Evangelische Theologie in Heidelberg, Berlin und Jerusalem und wurde in Leipzig promoviert. Von 1997 bis 1999 war er Referent im Gemeinschaftswerk der Evangelischen Publizistik in Frankfurt am Main, von 2000 bis 2007 Autor, Redakteur und Moderator für Deutschlandradio Kultur und Deutschlandfunk, von 2008 bis 2012 ARD-Hörfunk-Korrespondent in Tel Aviv. Vor kurzem kehrte er nach Berlin zum Deutschlandradio zurück.

Bibliographische Information der Deutschen Nationalbibliothek
Die Deutsche Nationalbibliothek verzeichnet diese Publikation in der Deutschen Nationalbibliographie; detaillierte bibliographische Daten sind im Internet über http://dnb.dnb.de abrufbar.

© 2013 by Evangelische Verlagsanstalt GmbH · Leipzig
Printed in Germany · H 7608

Das Buch wurde auf alterungsbeständigem Papier gedruckt.

Cover: FRUEHBEETGRAFIK · Thomas Puschmann, Leipzig
Coverfoto: © Frank Henne
Satz: Steffi Glauche, Leipzig
Druck und Binden: BELTZ Bad Langensalza GmbH

ISBN 978-3-374-03161-0
www.eva-leipzig.de

Vorwort

Die Freundschaft zwischen Deutschland und Israel, zwischen Israelis und Deutschen, gehört zu den größten politischen und menschlichen Wundern der Nachkriegszeit. Eine lebendige Partnerschaft zwischen Menschen und Institutionen ist gewachsen – in allen Bereichen des Lebens. Diese Freundschaft ist gewachsen, keiner hat sie verordnet. Sie ist nicht künstlich aufgezwungen worden wie die deutsch-sowjetische Freundschaft in der DDR, und sie ist nicht aus einem politisch-historischen Programm heraus entstanden wie die Partnerschaft mit Frankreich. Natürlich gehört das deutsch-israelische Miteinander zu den zentralen politischen Selbstverpflichtungen der Bundesrepublik. Aber diese Verpflichtung lebt aus einem tiefen Gefühl der Verantwortung der Deutschen gegenüber Israel, und sie wurzelt in einer inneren Hingezogenheit vieler Menschen in Deutschland zu den Israelis – und damit zu den Nachfahren des Volkes, das Hitler und seine hörigen deutschen Vollstrecker vernichten wollten.

Die Aufgabe, vor der die Deutschen nach der Schoah weiterhin stehen, ist offenkundig und zugleich unlösbar: das lebendige, fruchtbare Verhältnis zu den Juden wiederherzustellen, das sich vor 1933 – trotz des verbreiteten Antisemitismus – entwickelt hatte. Dieses Verhältnis wird sich nach dem Mord an sechs Millionen europäischen

Juden nicht wiederherstellen lassen. Aber die Deutschen können versuchen, Brücken zum lebendigen Judentum in Deutschland und in den Orient, nach Israel, zu bauen. Tatsächlich investieren sie alltäglich viel Energie in diesen Brückenschlag.

Erstaunlicherweise gibt es auch unter Israelis eine tiefe Sehnsucht nach einer Freundschaft mit Deutschland und den Deutschen. Sie entspringt nicht allein dem pragmatischen Bedürfnis nach einer Partnerschaft zur Absicherung der Existenz ihres Staates. Sie entsteht auch nicht nur aus der bleibenden Bezogenheit von Millionen Israelis auf die mitteleuropäischen Herkunftsländer ihrer Familien. Tatsächlich gibt es in Israel eine Sehnsucht nach einem heilen Verhältnis zu Deutschland und den Deutschen – eine irrationale Sehnsucht nach den bunten Herbstbäumen des Schwarzwaldes, nach alltäglicher Verlässlichkeit und nach der – zuweilen förderlichen – Akkuratesse der Deutschen. Manchem in Israel fällt es heute leichter, sich zu dieser Sehnsucht zu bekennen, weil das andere Deutschland, das neue Deutschland immer sichtbarer wird: Es ist ein multikulturelles Einwanderungsland. In diesem Land haben sich Millionen über Jahrzehnte bemüht, den Abgrund der Geschichte zu begreifen, den das »Dritte Reich« ihnen hinterlassen und aufgebürdet hat. Das gewandelte Deutschland erleben tausende Israelis in der Hauptstadt Berlin. Sie haben die Stadt zu ihrer Heimat gemacht, suchen und finden in ihr Freiheit und Entfaltungsmöglichkeiten wie viele Juden in der Weimarer Republik.

Der überraschende Befund einer engen und zugleich weit verzweigten Freundschaft führte zu dem Buchtitel

»Beste Freunde«. In diesem Buch versuche ich, die lebendigen und vielfältigen Beziehungen aus der Sicht eines deutschen Korrespondenten in Israel zu beschreiben. Als Korrespondent für den ARD-Hörfunk habe ich von 2008 bis 2012 mit den »besten Freunden« in Israel zusammengelebt.

Natürlich steht diese Freundschaft wie jede andere unter Spannungen und macht Krisen durch. Aber die Erschütterungen der vergangenen Monate können die im Titel vertretene These nicht widerlegen. Im Jahr 2012 führte das Gedicht »Was gesagt werden muss« von Günter Grass zu Irritationen im deutsch-israelischen Verhältnis. Die deutsche Öffentlichkeit diskutierte die Entgleisung des Literatur-Nobelpreisträgers, und es begann eine Debatte darüber, ob der Export atomwaffenfähiger U-Boote aus Deutschland an die israelische Marine legitim ist.

Das zweite große Beben entstand nach dem berüchtigten Kölner Gerichtsurteil, das die rituelle Beschneidung für rechtswidrig erklärte. Die Entscheidung hatte keinen Bestand. Sie führte zu einer neuen Gesetzgebung, die Juden und Muslimen in Deutschland ihre Religionsfreiheit auch in dieser Frage garantiert. So hallte der verzweifelte Zwischenruf von Charlotte Knobloch, der Präsidentin der jüdischen Gemeinde in München, nur kurz durchs Land: »Wollt Ihr uns Juden noch?«, schrieb sie an die deutsche Öffentlichkeit. Den »unzähligen Besserwissern aus Medizin, Rechtswissenschaft, Psychologie oder Politik«, den Kritikern des jahrtausendealten Brauchs der Beschneidung, warf sie vor, sie stellten die jüdische Existenz in

Deutschland in Frage: »Eine Situation, wie wir sie seit 1945 hierzulande nicht erlebt haben.«

Diese innerdeutschen Debatten erreichten Israel und das israelisch-deutsche Verhältnis verspätet und in abgeschwächter Form, aber sie führten nicht dazu, dass beste Freunde einander fremd wurden. Auch das Gedenken an das Olympia-Attentat militanter Palästinenser auf die israelische Olympiamannschaft von 1972 blieb in den deutsch-israelischen Beziehungen nicht mehr als eine Irritation. Israel und die Israelis hätten Grund genug, das Versagen der deutschen Sicherheitskräfte 40 Jahre nach dem Münchener Attentat anzuprangern. Stattdessen gedachten beide Nationen gemeinsam des Terroraktes – bei Zeremonien in Fürstenfeldbruck und Tel Aviv.

Die Krisen und Erschütterungen in der deutsch-israelischen Freundschaft deute ich als Ausdruck vitaler Beziehungen, nicht als Zeichen des Niedergangs. Beste Freunde pflegen das offene Wort und scheuen sich nicht vor Kritik. Jede Debatte, in der Deutsche und Israelis dieser Offenheit näherkommen, wird ihr Bündnis stärken.

Zum Schluss ein Hinweis, der Missverständnisse verhindern soll: Die meisten Kapitel sind auf der Basis von Sendungen für den ARD-Hörfunk entstanden. Aber dieses Buch zeigt natürlich nur einen Ausschnitt aus der Arbeit des Korrespondenten. Viele Themen, die mich in Israel bewegt haben, kommen nicht vor: das zähe Ringen um eine Zwei-Staaten-Lösung, das Leiden der Palästinenser unter der israelischen Besatzung, die Blockade des Gaza-Streifens und die Auseinandersetzung zwischen Israel, Iran und den USA um das Atomprogramm Teherans.

Die deutsch-israelischen Beziehungen sind für mich das Vorzeichen vor all diesen Konflikten. Denn die Schoah ist Ursache und Bedingung des politischen Geschehens in Israel. Das deutsch-israelische Verhältnis ist der Ort, an dem erkennbar wird, wie die abgründige Vorgeschichte in die Gegenwart hineinragt. Zugleich ist die Freundschaft der beiden Staaten und ihrer Menschen der Versuch, den Graben zu überwinden, der durch den Holocaust aufgerissen wurde – einen Graben, der nicht zu überwinden ist. Auch wenn die Aufgabe also unlösbar ist, so hat sich doch gezeigt: Israel ist der ideale Ort, sich ihr zu stellen.

Berlin, im November 2012 *Sebastian Engelbrecht*

Inhalt

Einleitung: Mit Juden leben

In meiner Kindheit im Berliner Westen, zwischen Olympiastadion und Funkturm, gab es keine Juden. Weder zu Hause noch an der Schule noch auf der Straße, weder beim Musizieren noch beim Fußballspielen. Meine Freunde – in einer deutschen Kindheit in den 70er und 80er Jahren – waren deutsche Protestanten. Ich erinnere mich an einen Freund mit dem schönen Namen Ben Morgenstern. Seine Spur hat sich verloren. War Ben ein Jude? Wahrscheinlich nicht. Und falls doch, dann hat er es perfekt versteckt. Vielleicht aber war Frau Blumenstein eine Jüdin. Sie wohnte im Parterre in einem Mietshaus in der Bayernallee in Neu-Westend. Ich habe Frau Blumenstein nie gesehen, aber immer wieder verspottet. Gemeinsam mit drei Freunden habe ich ihr regelmäßig einen Strauß Gänseblümchen und einen Stein aufs Fensterbrett gelegt. Ohne sie zu kennen, haben wir acht- oder neunjährigen Kinder gespürt: Frau Blumenstein ist anders. Sie hat einen ungewöhnlichen Namen. Grund genug für unseren kindlichen Spott. Wir wussten nicht, was wir der Dame antaten. Vielleicht war sie eine Überlebende des Holocaust. Vielleicht hat unser Hohn bei ihr Wunden aufgerissen. Für uns blieb es jedenfalls dabei: Wir lebten in unserer monokulturellen Welt. Dass es hier auch andere gab, spielte in unserem Leben keine Rolle.

In der evangelischen Kirchengemeinde war es kaum anders. Mindestens drei Mitglieder der Gemeinde waren Juden, die in der Zeit des Nationalsozialismus zum Christentum übergetreten waren. Sie hatten sich aber nicht nur aus der Not heraus taufen lassen, um der Verfolgung durch das Nazi-Regime zu entkommen, sondern aus Überzeugung. Sie kamen in den Gottesdienst und nahmen am Gemeindeleben teil. Einer von ihnen predigte sogar manchmal als ehrenamtlicher Pastor. Dass sie Juden waren, habe ich erst Jahrzehnte später erfahren. Obwohl der Muff der Zeit vor 1968 längst verflogen war, blieb das Thema Judentum tabu. Es war allenfalls eine akademische Angelegenheit, eine längst vergangene Wirklichkeit aus der Zeit des Alten Testaments. Aber das lebendige Judentum existierte für uns nicht.

Wo waren die lebendigen Juden, von denen in Berlin auch nach dem Krieg noch Tausende lebten? Zum ersten Mal habe ich sie als 15-Jähriger an einem Freitagabend beim Gottesdienst in der Pestalozzistraße in Berlin-Charlottenburg erlebt. Eine majestätisch dröhnende Orgel ist mir in Erinnerung, der mächtige Gesang von Oberkantor Estrongo Nachama und das Wort »Adonai« aus der hebräischen Liturgie, das hebräische Wort für »Der Herr«. Mein Vater hatte mich in die Synagoge mitgenommen. Als Pfarrer pflegte er den Kontakt zum Rabbiner und zum Kantor der Gemeinde. Gelegentlich waren die beiden bei uns zu Gast. Dann war die Aufregung meiner Eltern zu spüren. Mit den Herren kam eine andere Welt ins Haus. Eleganz und Witz kehrten ein ins protestantische Pfarrhaus. Der Rabbiner scherzte mit meinem Vater, und der

Oberkantor trat auf wie eine Diva. Die Maximen der protestantischen Erziehung – Nüchternheit, Ernsthaftigkeit, Bescheidenheit, Direktheit – erlebten auf einmal eine unerwartete Konkurrenz. Meine Eltern waren seltsam befangen, wenn der hochverehrte jüdische Besuch kam. Eines Tages – es war in den 80er Jahren – ließ mein Vater ein obszönes Wort aus dem Fahrstuhl entfernen, das ein Kind auf die hölzerne Innentäfelung geschmiert hatte: »Fuck«. Das müsse jetzt weg, befand mein Vater, denn »der Rabbiner kommt«.

Meine Suche nach dem lebendigen Judentum in Berlin blieb erfolglos. Es ergaben sich kaum Kontakte zu Juden. Die jüdische Gemeinde in Berlin wirkte auf mich wie ein ferner Zirkel, zu dem ich keinen Zugang hatte – und das, obwohl ich zu Gedenkveranstaltungen ins Jüdische Gemeindehaus ging und als 22-Jähriger auch zu Hebräischkursen in die Jüdische Volkshochschule. Leichter war es, sich mit Gleichaltrigen anzufreunden, die nur einen jüdischen Elternteil hatten. Sie lebten in zwei Welten – in der jüdischen und in der nichtjüdisch-christlichen zugleich – eben in meiner Welt.

Als 17-Jähriger hatte ich zum ersten Mal ungehinderten Zutritt zu einer jüdischen Welt: Israel. Der Tag bleibt mir unvergesslich: Am 8. Mai 1985, 40 Jahre nach der Befreiung vom Hitler-Regime, stieg ich auf dem Ben-Gurion-Flughafen bei Tel Aviv aus der Lufthansa-Maschine und spürte zum ersten Mal die schwüle Hitze des Orients. In Israel war mir zunächst alles fremd: das Klima, die Landschaft, die Mentalitäten. Aber die Juden, die ich hier traf, hatten ihre Wurzeln in meiner abendländischen Welt.

Deshalb war mir Israel von Anfang an fremd und nahe zugleich. Im Kibbutz von Ein Gedi lernte ich, wie man Palmen umtopft, entdeckte in Galiläa und Jerusalem die Ursprünge des Christentums und im Westjordanland den wahren Orient ohne europäische Einflüsse.

Sechs Jahre später, 1991, ging ich für ein Jahr an die Hebräische Universität nach Jerusalem, um dort rabbinische Literatur und jüdische Geschichte zu studieren. In diesem Jahr erfüllte sich in Israel, wonach ich in Deutschland vergeblich gesucht hatte. An diesem fremden Ort war es auf einmal ganz einfach, lebendige Beziehungen zu Juden aufzunehmen. Anders als bei der jüdischen Gemeinde in Deutschland, die ich als in sich geschlossenes Universum erlebt hatte, konnte ich in Israel praktisch zu jedem Menschen Kontakt aufnehmen. Das lag daran, dass hier fast immer gnädig die Sonne schien und dass die Menschen viel weniger zugeknöpft durchs Leben liefen. Es lag aber vor allem daran, dass die Juden hier in der Mehrheit waren. Ich begegnete ihnen in ihrem eigenen Staat, ich war ihr Gast. Hier hatten sie das Sagen, hier befehligten sie die Armee, hier bestimmten sie das politische und gesellschaftliche Leben. In Israel war ihr Selbstbewusstsein als Juden unangetastet und selbstverständlich.

Auf einmal spürte ich, dass sich die Juden hier – anders als in Berlin – auch für mich interessierten, den deutschen Protestanten aus einer Berliner Mehrheitsfamilie. Die alten »Jeckes« wie auch einige israelische Kommilitonen an der Universität fanden Gefallen an diesem lebendigen jüdisch-christlichen, israelisch-deutschen Dialog. Er ergab

sich nicht aus einer Anstrengung, sondern aus dem Alltag.

Die Befangenheit in diesem Dialog verlor ich in einer
Jerusalemer Wohngemeinschaft mit zwei Israelinnen, von
denen die eine zuckersüß und die andere ein Scheusal war.
Plötzlich ereignete sich die Normalität im deutsch-israelischen Verhältnis, nach der ich mich lange gesehnt hatte.
Die liebe Mitbewohnerin brachte mir Hebräisch bei, wir
saßen gemeinsam zu Tisch und machten Ausflüge in die
Umgebung von Jerusalem. Die andere wollte mir verbie-
ten, Bier zu trinken, wenn ich auf ihrem Sofa im gemeinsamen Wohnzimmer saß.

Wer fünf Jahre im Herzen von Tel Aviv gelebt hat, mitten in der ersten jüdischen Großstadt, die der Zionismus
hervorgebracht hat, der hat etwas von der jüdisch-christlichen, israelisch-deutschen Normalität gekostet. Ein wenig ist von der alten Befangenheit geblieben. Es passt nicht
nach Tel Aviv, in einem vierstöckigen Mietshaus trium-
phalistische Kirchenlieder zu trällern (»Jesus Christus
herrscht als König, alles wird ihm untertänig«). Ich empfinde auch nach wie vor eine Hemmung, das kunstvoll
gefertigte gläserne Kreuz ins Fenster zu hängen, das Geschenk einer Freundin. Spätestens aber, wenn zur Taufe
der eigenen Tochter in Jerusalem mehrheitlich jüdisch-
israelische Freunde aus Tel Aviv im evangelischen Gottesdienst erscheinen, dann kann ich nur noch von einem
Glücksgefühl sprechen.

Die Begeisterung bleibt nicht immer so groß wie in
solchen Momenten oder wie in den ersten Augenblicken
der Entdeckung. Ein Korrespondent, der über das politi-

sche Geschehen zwischen Israel und den Palästinensern berichtet, hofft, von Fortschritten erzählen zu können – kann dies aber nur selten, weil die Politik keine Fortschritte macht. Wer nicht aufpasst, mag dabei zum Zyniker werden. Wer zugleich aber von den rasanten Fortschritten im deutsch-israelischen Verhältnis berichten darf, dem wird es leichtfallen, der Versuchung des Zynismus zu entgehen. Hier ist von vielen Fortschritten zu erzählen, die sich still und leise im israelisch-deutschen Alltag ereignen.

Befremden und Nähe

Es ist einer dieser unendlich vielen Sonnentage in Tel Aviv. Das Licht flutet in die Wohnung, die Vögel zwitschern auf der Terrasse, Kaffee und Tee stehen dampfend auf dem Frühstückstisch. Ein israelischer Morgen ist grundsätzlich sonnig, im Sommer wie im Winter, und wenn dann doch einmal ein paar Wolken aufziehen, dauert es nur ein paar Stunden, bis die Sonne wieder siegt. Insofern ist Israel wirklich ein ideales Land, in dem es leichtfällt, den Tag gut gelaunt zu beginnen.

Plötzlich klingelt es. Vor der Tür steht ein Installateur der Firma Bezeq, der israelischen Telefongesellschaft. Mit dröhnender Stimme betritt der Mann das Wohnzimmer, legt seinen Koffer auf den Flügel und empfängt Telefonanrufe. Unser idyllisches, lichtdurchflutetes Wohnzimmer verwandelt sich in das Büro eines Handwerkers. Er sollte eigentlich in einer ganz anderen Ecke der Wohnung einen Anschluss legen, aber das spielt keine Rolle. Der Mann muss jetzt laut telefonieren, direkt neben der Familie am Frühstückstisch. Er muss schreien, streiten, fordern. Er muss kämpfen. Dann kommen wir zur Sache. Ich bitte ihn, wie telefonisch besprochen, einen ISDN-Anschluss zu legen, »Was, Sie wollen eine ISDN-Leitung?«, fragt er. »Das geht nicht.« Natürlich geht es nicht, denn der Installateur muss auch mit uns etwas zum Streiten, Rechten und Diskutieren haben. Es wäre ja langweilig, wenn er einfach käme und das täte, worum ich seine Firma Tage zuvor am Telefon gebeten habe.

Die ersten Tage und Wochen in Israel sind für einen durchschnittlichen Deutschen ein Schock. Alles ist befremdlich: An den Fassaden und in den Straßen bilden sich Kabelsalate aus Strom- und Telefonleitungen, die Fassaden bröckeln. Die Balkone der denkmalgeschützten Bauhausgebäude in Tel Aviv sind entweder verrammelt oder dienen als Rumpelkammern für Besen, Putzmittel und ausrangierte Sofas. Der Lack der Busse ist verhunzt von den Kleberückständen alter Werbeplakate. Das Leben wirkt improvisiert. Nichts ist für ewig, nichts haltbar und beständig, alles kann morgen schon wieder abgebaut, verloren, zerstört sein.

In dieser Atmosphäre des Improvisierens scheint Höflichkeit überflüssig zu sein. Der tägliche Überlebenskampf erlaubt keine verbindliche Kommunikation. Selbst einem, der aus Berlin kommt, aus einem nun wirklich unhöflichen Klima, fällt es schwer zu fassen, wie grob manchmal der Umgangston ist. Als ich in einem Laden für Elektrogeräte verzweifelt nach einem zuständigen Verkäufer Ausschau halte, finde ich nur einen, der mitten im Laden sein Pausenbrot isst. Als ich ihn zur Qualität seiner Fernsehgeräte befrage, mampft er munter weiter. Daraufhin erkläre ich einem anderen Verkäufer, der Service hier sei ja nicht so toll. Der pariert sofort mit dem Satz: »Das ist hier kein Krankenhaus.«

Welcher Ort eignet sich also besser, um die deutsche Herkunft schmerzhaft am eigenen Leib zu erfahren – um zu erfahren, wie tief die Sekundärtugenden der Dauerhaftigkeit, der Solidität und der Ordnung ins Hirn eingeprägt sind? Wenn sich Deutsche in Israel treffen, stimmen sie ein kollektives Klagelied an über die Kultur, in der sie leben, über die rauen Umgangsformen und das Improvisieren in Haus und Hof. Es bleibt dem Deutschen in Israel die Wahl: Entweder er reibt sich auf, er empört sich, er lässt seinem Zorn freien Lauf – oder er beginnt, selber zu improvisieren, selber unhöflich zu sein. Nur wer das beherrscht, hat in Israel eine Chance.

Wie also reagiere ich, wenn mein Nachbar Ezra seine Wohnung renoviert und sich auf dem Bürgersteig vor dem Haus ein Schutthaufen bildet, der den Bürgersteig unbrauchbar macht? Als Anfänger gehe ich zu Ezra und sage ihm: »Ezra, da draußen fliegt der Dreck rum und blockiert alles. Das geht so nicht.« Und Ezra antwortet: »Ok, ich bringe gleich alles auf den Gehsteig auf der anderen Straßenseite.« Da bleibt dem deutschen Bürgersöhnchen die Spucke weg. Der Fortgeschrittene wird also gar nichts mehr tun, wenn ein Schutthaufen den Weg versperrt. Er sucht den kürzesten Weg um den Schutthaufen herum. Damit ist das Problem erledigt.

Und was tue ich, wenn mein Auto-Stellplatz am Haus – ein großes Privileg im Zentrum von Tel Aviv – wieder einmal zugeparkt ist – von einem Autofahrer, dem es egal ist, ob ich mich mit meinem Wagen frei bewegen kann? Nehmen wir folgende wahre Begebenheit: An einem Werktag-Morgen muss ich ausnahmsweise um 4 Uhr 30 mit dem Auto nach Jerusalem aufbrechen, um dort über einen Besuch der deutschen Kanzlerin Angela Merkel zu berichten. Aber ein blassblauer alter Daihatsu Charade steht in der Einfahrt. Der Besitzer des Wagens – wie sich später herausstellt, heißt er Merom – hat großzügigerweise seine Funktelefonnummer an der Windschutzscheibe hinterlassen. Ich rufe an und will den Mann barsch auffordern, sofort seinen Daihatsu aus dem Weg zu räumen. Aber Merom will sich in seinem Schlaf nicht stören lassen. Er nimmt nicht ab. Und es wird noch hübscher: Bei jedem Anrufversuch höre ich statt des Tutens in der Leitung ein munteres Liedchen, das mir morgens um halb fünf die Zornesröte ins Gesicht treibt: »Eize jom sameach, jom schel hafta'oth«, beginnt es im niedlichen Kinder-Duktus – auf Deutsch: »Was für ein fröhlicher Tag, ein Tag voller Überraschungen!« Das mit der Überraschung ist Merom gelungen. Ich fahre mit dem Taxi nach Jerusalem, was 600 Schekel kostet, umgerechnet 120 Euro.

Als Israel-Anfänger habe ich an diesem Tag gelernt. Nicht aufregen, sondern nach Landessitte verfahren: sofort abschleppen lassen. Oder dem Daihatsu die Luft aus den Reifen lassen. Die moralische Empörung nützt nichts. Wer überleben will, muss handeln, und zwar sofort. Im Falle von Petitessen (Schutthaufen) ist der Widerstand, der sich gerade auftut, souverän zu ignorieren. Bei existenziellen Unverschämtheiten wie dem Versperren des Parkplatzes hilft nur entschiedenes Zupacken. Wer sich nicht an diesen Verhaltenskodex hält, gilt in Israel als »Freier«, als Trottel, der sich allzu leicht unterkriegen lässt.

So ist im Laufe der Jahre das Kopfschütteln dem Gleichmut gewichen. Und es hat sich ein wenig Selbstkritik eingeschlichen. Warum muss ich auf einem Fahr-radweg auf der Ibn-Gvirol-Straße im Zentrum von Tel Aviv die Fußgänger so rechthaberisch zur Seite klingeln, als führe ich auf einem Radweg in Göppingen oder Göttingen? Ich kann ganz entspannt die Hindernisse umfahren – die Menschen, Autos, Motorräder und Schutthaufen, die sich mir in den Weg stellen. Und wenn am Schabbat, dem Tag der Ruhe, der Nachbar die Bohrmaschine anwirft, dann werde ich ihn nicht belehren und werde ihn nicht auffordern, damit aufzuhören.

Das also ist der Lernprozess für den Deutschen in Israel. Nur wer sich den Regeln der rauen Kultur fügt, überlebt. Das fordert eine echte Anpassungsleistung – von der Empörung über den Gleichmut bis zum Mitschwimmen im Strom des Überlebens. Natürlich ist das ein Abschied von liebgewonnenen kulturellen Standards, aber es ist auf den zweiten Blick auch ein Befreiungserlebnis.

Denn: Dass ich ein Deutscher bin, spielt in diesem Lernprozess nicht die geringste Rolle. Niemand, kein Nachbar, kein Handwerker und kein Autofahrer, hat es je gewagt, in hitzigen Wortgefechten die Karte zu spielen: »Du bist ein Deutscher, halt deine Klappe.« Der deutsche Nachbar ist im jüdischen Staat so akzeptiert wie der französische, amerikanische oder russische. Keiner legt mir besondere Zurückhaltung nahe oder fragt mich nach der Vorgeschichte meiner Familie im Nazi-Deutschland.

Deshalb ist die Existenz im Tel Aviver Überlebenskampf ein Trost für den befangenen Deutschen, der mit Schuldkomplexen beladen ins Land kommt oder zumindest um die Schuldkomplexe seiner Vorfahren weiß. Die israelische Gesellschaft empfängt einen Deutschen mit offenen Armen, als sei nichts gewesen. Aber bestehen kann in dieser Gesellschaft nur, wer auch ihre Spielregeln beherrscht.

Deutsches im Alltag

Es ist überraschend, zu beobachten, welche Unbefangenheit sich im Verhältnis der Israelis zu Deutschland breitgemacht hat. Noch vor 20 Jahren galt es als unanständig, ein deutsches Auto zu fahren. Die Israelis bevorzugten statt Mercedes oder BMW einen schwedischen Volvo oder einen japanischen Lexus. Mittlerweile sind deutsche Limousinen aller Klassen in Massen verbreitet. Gewiss, sie beherrschen nicht das Straßenbild wie in den palästinensischen Gebieten. Aber niemand muss sich mehr schämen, einen deutschen Wagen zu fahren. Mehr noch: Das Adjektiv »deutsch« steht nicht mehr nur für »Holocaust«, sondern inzwischen auch für »Qualität«. Eines Tages traute ich meinen Augen nicht, als ich gegenüber den drei Azrieli-Türmen, diesen drei Wolkenkratzern im Zentrum von Tel Aviv, eine megalomane Werbung erblickte. Sie erstreckte sich über 100 Meter Länge, hatte die Höhe eines Stockwerks und war entlang der Straße an eine Mauer geklebt. Ein roter Opel Astra war da zu sehen, daneben hieß es in mannshohen Buchstaben: »Deutsche Qualität – erschwinglich für dich«. Daneben der Opel-Blitz und ein Slogan der Automarke auf Deutsch: »Wir leben Autos.« Dieselbe Anzeige mit denselben Texten fand ich ein paar Tage später in der großen israelischen Zeitung »Jedioth Achronoth«. So ähnlich wirbt Volkswagen für deutsche Solidität. Unter jedem Nummernschild eines Volkswagens findet sich in Israel das Motto: »Denn man lebt nur einmal«. Es scheint, als biete nur Volkswagen die rettende Sicherheit für den israelischen Autofahrer. Und in der Tat sind robuste Autos zu empfehlen, wenn man den riskanten Fahrstil der Israelis kennengelernt hat.

Aber nicht nur deutsche Autos stehen für die Unbefangenheit der Israelis gegenüber den Deutschen. Immer wieder wirbt ein israelischer Optiker im Radio für Brillengläser höchster Qualität – sie hätten »echut germanit«, »deutsche Qualität«, schreit der Werbesprecher den Hörern des Nachrichtenprogramms »Reschet Bet« entgegen. Die deutsche Herkunft ist kein Makel mehr in Israel. Im Gegenteil. Mit dem Attribut »deutsch« lassen sich Gewinne machen. Und so sind deutsche Marken in Israel ebenso präsent wie sonst auf der Welt, von Adidas bis Siemens. Auf den Straßen fahren die Lieferwagen des deutschen Logistik-Unternehmens DHL, auf anderen Lastern prangt der Schriftzug der Deutschen Bahn. Die Lufthansa ist ohnehin bekannt und beliebt und schwebt täglich mehrfach über Strände und Städte. Sogar auf der »Woche des hebräischen Buches« in Tel Aviv ist der deutsche Luftfahrtkonzern mit einem Stand vertreten.

Schier unglaublich ist, dass selbst die Eisenbahnen in Israel aus Deutschland kommen. Die Assoziationen, die sich in den ersten Jahrzehnten des jüdischen Staates mit deutschen Eisenbahnen verbanden, waren Auschwitz und die Schoah. Mittlerweile kauft der Staat Israel seine Eisenbahnen in Görlitz ein, beim kanadischen Unternehmen Bombardier Transportation, das seinen Hauptsitz in Berlin hat. Die Doppelstockzüge gehen auf Vorläufermodelle der Deutschen Waggonbau AG zurück – und stehen in der Tradition der Eisenbahnproduktion der DDR. Es ist ein eigenartiges Heimatgefühl, wenn die roten Züge zwischen Tel Aviv und Beerscheva oder zwischen Haifa und Netanja durch die Landschaft gleiten. Ein deutscher Zug im Staat Israel! Das Bild steht für eine Harmonie zwischen beiden Völkern, die es gut 65 Jahre nach dem Holocaust noch gar nicht geben kann. Der rote Zug suggeriert eine Selbstverständlichkeit im Verhältnis Israels und Deutschlands, die immer ein Ziel bleiben wird, die unerreichbar erscheint. Zugleich spricht dieses Bild Bände: Israel, das jüdische Volk, scheint den Schockzustand nach der Schoah überwunden zu haben. Es hat in seinem eigenen Staat ein Selbstbewusstsein und eine Standfestigkeit entwickelt, trotz aller Kriege und Anfeindungen und trotz der verunglückten, stagnierenden Friedenspolitik der vergangenen Jahrzehnte.

Fast erübrigt es sich, zu erwähnen, dass die Stadt Tel Aviv ein Netz aus 150 Fahrradverleih-Stationen installiert hat, an denen sich jedermann für wenig Geld ein giftgrünes Gefährt ausborgen kann. Wie mir eine Freundin kürzlich erzählte, sind die Fahrräder aus deutscher Produktion.

All diese Dinge vom Auto bis zum Brillenglas sind äußere Hinweise für eine Umwälzung, die eigentlich in der Gesellschaft, bei den Menschen in diesem Land geschieht. Die verständliche Abneigung gegen das Land der Mörder hat sich in breiten Schichten der israelischen Bevölkerung in Zuwendung verwandelt. Anders ist es nicht zu erklären, dass mittlerweile 100 000 Israelis die deutsche Staatsbürgerschaft angenommen haben. Seit dem Jahr 2000 ist die Zahl der Antragsteller rapide gestiegen. Seither erhielten 70 000 Bürger Israels den roten Pass der Bundesrepublik. Auf keine Passabteilung einer europäischen Botschaft gibt es einen derartigen Andrang wie auf die deutsche. Dort gehen zehnmal so viele Passanträge ein wie bei der polnischen oder rumänischen Botschaft in Tel Aviv. Dabei leben in Israel mindestens ebenso viele Nachfahren polnischer und rumänischer wie deutscher Juden.

Die deutschen Juden wurden von den Nazis verfolgt, aus dem Land gejagt oder ermordet. Die Kindeskinder der Überlebenden haben keine Berührungsängste mehr, die Nationalität der ehemaligen Mördernation Deutschland anzunehmen. Lange galt ein deutscher Pass als ebenso unanständig wie ein deutsches Auto. Aber diese Zeiten scheinen vorbei zu sein. Die Motive, einen deutschen Pass zu beantragen, sind auch praktische. Die Professorin Zima Salchberg von der Bar Ilan Universität bei Tel Aviv hat diese Motive untersucht. Vielen jungen Antragstellern geht es darum, mit einem europäischen Pass schneller und billiger, nämlich ohne Visa-Formalitäten, in die USA reisen zu können. Für viele ist es eine Genugtuung, die Staatsbürgerschaft wieder anzunehmen, die ihren Eltern oder Großeltern verweigert wurde. Andere sagen, man müsse sich heute für einen deutschen Pass eben nicht mehr schämen.

Viele der Antragsteller haben mit der Vertreibung der sogenannten »Jeckes« aus Deutschland aber nichts zu tun. Sie sind Kinder aus gemischten deutsch-israelischen

Familien. Georg Blochmann, der frühere Leiter des Goethe-Instituts in Tel Aviv, berichtet, die Zahl der deutsch-israelischen Paare wachse unaufhörlich. »Das ist sicher eines der schönsten Zeichen in der Entwicklung des deutsch-israelischen Verhältnisses«, findet Blochmann.

Schon vor 25 Jahren haben Jerusalemer Eltern deshalb eine »Deutsche Freitagsschule« gegründet. In dem Institut lernen Kinder aus deutschen, arabischen und jüdischen Familien gemeinsam »Deutsch als Muttersprache«. Und die Eltern wollen mehr. Mithilfe des Auswärtigen Amtes und der Deutschen Botschaft wollen sie in Jerusalem eine Deutsche Schule gründen, in der auf Hebräisch und Deutsch unterrichtet wird.

Aus dem kulturellen Leben Israels ist Deutschland gar nicht wegzudenken. Wenn in der Tel Aviver Oper im Dezember das Weihnachtsoratorium aufgeführt wird, ist das Haus wie selbstverständlich ausverkauft. Und wenn sich abends zwischen halb acht und halb neun parfümierte Damen und Herren im gebügelten Hemd zum Frederic-Mann-Auditorium, dem großen Konzertsaal der Stadt, aufmachen, dann entsteht eine Atmosphäre wie rund um die Philharmonie in Berlin. Auf dem Programm steht dann zum Beispiel das »Deutsche Requiem« von Johannes Brahms. Der universalistische Geist des tröstlichen Totengedenkens fasziniert das Publikum. Brahms' romantische Musik, vorgetragen auf Deutsch, voller Zitate aus der Luther-Bibel, ficht hier keinen an. Mit ungebrochener Begeisterung nimmt die Tel Aviver Zuhörerschaft dieses Exempel deutscher Kultur auf.

Hebräisch und Deutsch

Lohnt es sich umgekehrt für einen Deutschen, die hebräische Kultur anzunehmen und zu pflegen? Beim ersten Nachdenken erscheint es unsinnig, modernes Hebräisch zu lernen: eine Sprache, die gerade mal 7,7 Millionen Israelis sprechen. Arabisch zu lernen liegt näher. Weit mehr als 200 Millionen Araber stehen dem kleinen Volk zwischen Mittelmeer und Jordan gegenüber. Und doch hat es Sinn, Hebräisch zu lernen. Es ist, als hätte man Latein gelernt und sollte auf einmal anfangen, Italienisch zu sprechen. Das erscheint zunächst unmöglich, geht dann aber doch. Bestimmte komplizierte Wendungen des Alten Testaments sind zum Glück nicht mehr üblich im modernen Israel. Ich habe jedenfalls noch niemanden gehört, der sich auf die Toilette mit den Worten verabschiedete: »Ich muss mal meine Füße decken«. Seit den Zeiten von König David hat sich viel getan in der hebräischen Sprache. Aber manches ist geblieben. Durchaus üblich unter den zeitgenössischen Hebräern ist die alte Wendung »das findet Gnade vor meinen Augen« für »das gefällt mir«.

Das Hebräisch, das Israelis heute auf der Straße sprechen, ist weit entfernt vom Alten Testament, es ist viel näher an den rabbinischen Diskursen aus der Zeit Jesu. Selbst wenn die Menschen in der Provinz Judäa zu Jesu Zeit mehrheitlich Aramäisch sprachen, so schimmert im

Neuen Testament doch das Hebräische im Satzbau, in Formulierungen, in der verbalen Konzentration durch. Wenn Jesus zu dem Kranken am Teich Bethesda sagt: »Steh auf, nimm dein Bett und geh« (Johannes 5,11), dann klingt das ein bisschen wie im israelischen Schnellimbiss. Der moderne Hebräer liebt wie der alte die pure Verbalität. Am liebsten mag er den Imperativ ohne »bitte«: »Nimm« (»Kach!«) ist eine beliebte Wendung, etwa in der Falafelbude. Sehr üblich ist auch »Geh!« (»Lech!«), gern verlängert als »Lech mipoh!« (»Hau ab von hier!«). Ähnlich kurz angebunden befahl schon Gott dem Abraham, aus Ur in Chaldäa ins Land Kanaan zu ziehen (»Lech lecha!«, 1. Mose 12). Für Autofahrten empfehle ich den super-imperativischen Befehl »Sa!« (»Fahre!«). Diese zwei Buchstaben sollte sich jeder Israel-Reisende merken – für Auseinandersetzungen im Straßenverkehr und zur Lösung komplexer Parkplatz-Streitigkeiten.

Die Kürze und Kernigkeit des Hebräischen ist für den Deutschen einfach umwerfend. Ein Beispiel für die Unterschiedlichkeit der beiden Sprachen: Das wohlerzogene deutsche Kind fragt den unbekannten Passanten folgendermaßen nach der Uhrzeit: »Entschuldigen Sie bitte, könnten Sie mir sagen, wie spät es ist?« Die Hebräer sind da wesentlich sparsamer. Gelegentlich wurde ich im Laufen von der Seite angeuschelt: »Mascha'ah?«, was so viel heißt wie: »Was ist die Stunde?« Der Deutsche braucht 17 Silben, der Israeli ein bis drei.

Ungerechterweise haben wir uns bisher nur mit der barschen Seite der hebräischen Kommunikation befasst. Das ist ungerecht, denn der Hebräer kann mit wenigen

Silben auch ziemlich liebevoll sein. So nennt der Mann hinter dem Ladentisch seine Kunden schnell mal »Mottek« (Süßer) oder »Metukah« (Süße) und zaubert damit eine ganz harmonische Stimmung in sein Geschäft. Eines Tages traute ich meinen Ohren nicht, als mich der 35-jährige Schnellimbiss-Besitzer mit der Kurzhaarfrisur mit »Achi« (»mein Bruder«) ansprach. Zunächst glaubte ich an ein Missverständnis, fragte zum Glück aber nicht nach, wieso er mir diesen Ehrentitel anbot. Nach längeren Beobachtungen und wiederholten Besuchen bei meinem neuen Bruder begriff ich, dass jeder, der mehr als einmal kommt, zum »Bruder« gekürt wird.

Unverwechselbar hebräisch ist eine Wendung, die der Verkäufer einem auf dem Weg nach Hause nachruft, wenn man eine mittelgroße Investition gewagt hat, von Turnschuhen bis zum Küchenmixer. »Titchadesch«, ruft er einem dann hinterher, was etwa bedeutet: »erneuere dich«. Gemeint ist das Gefühl der Runderneuerung, das den Käufer beschleicht, wenn er das neue Paar Turnschuhe, den Anzug oder den Küchenmixer mit nach Hause nimmt.

Wer Hebräisch spricht, kommt den Menschen in Israel ein Stück näher und darf sich am unverhohlen-direkten Alltagsdiskurs beteiligen. Er darf andere »chutzpan« (»Frechling«) schimpfen oder »Mottek« nennen, er darf austeilen und muss einstecken können. Die hebräische Sprache schafft Nähe zwischen denen, die sie sprechen. Weil es kein »Sie« gibt und sich praktisch alle beim Vornamen nennen. Die Fotografen, die Staatspräsident Peres begleiten, nennen den ehrwürdigen Herrn – laut rufend –

nur »Schimon!«. – Die Sprache schafft auch deshalb Nähe, weil der Kreis der Hebräisch Sprechenden so klein ist. Sie alle haben einen spezifischen kulturellen Hintergrund: den des kleinen Landes Israel.

Beim Lernen der hebräischen Sprache hat mich immer wieder meine Muttersprache eingeholt. In manchen Bereichen des Lebens ist das moderne Hebräisch ohne deutsche Wörter gar nicht zu denken. Zum Beispiel in Autowerkstätten, wo sich die Israelis Worte zurufen wie »Blinker«, »Schalter«, »Wischer« oder »Kupplung« und »Kugellager«. Oder auf Baustellen. Der Sprachforscher Ruvik Rosenthal, 1946 in Tel Aviv geboren, ist selbst ein Kind deutscher Juden. Er führt eine Liste mit allen Germanismen in der hebräischen Sprache. Das hebräisch-deutsche Gemisch, das in Israel am Bau üblich ist, muss nach seinen Beobachtungen auch heute noch jeder auf dem Bau beherrschen – vom jüdischen Vorarbeiter über den arabischen Arbeiter bis zum Hilfsarbeiter aus China oder Thailand: Stichmus, Spachtel, Spritz gelten auf dem Bau, bei Elektrikern gehören Begriffe wie Kabel, Erdung und Kurzschluss zum Allgemeingut – Worte, die Bauarbeiter in Israel schon vor hundert Jahren gebrauchten.

Damals, in den Anfängen des Zionismus, war Deutsch, die Muttersprache des Visionärs Theodor Herzl, die Sprache der Aufklärung und der Wissenschaft. Die Architekten, Ingenieure und Techniker, die aus Osteuropa nach Palästina einwanderten, brachten das deutsche Fachvokabular mit. 1913 wäre an der technischen Hochschule von Haifa, dem Technion, um ein Haar Deutsch als Unterrichtssprache eingeführt worden. Die »Hilfsorganisation deutscher Juden« wollte es so. Das Projekt scheiterte am Widerstand von Einwanderern, für die Hebräisch ein Teil der zionistischen Idee war.

Das Hebräische setzte sich in den 20er Jahren des vorigen Jahrhunderts durch. Aber die deutschen Juden, die nach 1933 nach Palästina einwanderten, brachten ihre Sprache mit und verstärkten noch einmal den deutschen Einfluss auf das Hebräische. Eines der Worte, die sie mitbrachten, ist bis heute weit verbreitet: die »Schlafstunde«. Für den Deutschen in Israel mag das zunächst befremdlich sein, denn »Schlafstunde« als Synonym für »Mittagsschlaf« ist in Deutschland nun wirklich nicht gebräuchlich. Irgendwann einmal muss das Wort in irgendeiner Region in Deutschland zur Alltagssprache gehört haben. Möglicherweise haben die Juden in Deutschland es beständiger bewahrt und gepflegt als alle anderen.

Ruvik Rosenthal sucht und findet immer mehr Wörter für seine Liste der Germanismen, zum Beispiel das Wort »Strudel«, das die Israelis für das @-Zeichen in E-Mail-Adressen verwenden. Am Wochenende fahren sie ins Grüne oder in die Wüste und mieten sich dort ein »Zimmer« – oder, wenn mehrere Familien unterwegs sind, »Zimmerim«. Wenn einer »Weltschmerz« empfindet, dann sagt er: »ani mewaltschmertz« – ich weltschmerze.

Außerdem gibt es einen indirekten Einfluss des Deutschen aufs Hebräische. Viele Redewendungen und Ausdrücke sind ins moderne Hebräisch übersetzt worden. »Wenn schon, denn schon« heißt auf Hebräisch »'im kvar, 'az kvar«. Zu den witzigsten Wendungen, die Ruvik Rosenthal auf seiner Liste hat, gehört »lalechet im halaschon bachutz«. Wörtlich übersetzt bedeutet das: »mit der Zunge draußen gehen«. Der Sprachforscher sieht auch hier, in der Beschreibung des Hundes, der mit hängender Zunge durch die Straßen hetzt, einen Germanismus.

Kindergarten, Tiergarten, Krankenkasse – all diese Wörter leben in Israel weiter, zusammengesetzt aus hebräischen Vokabeln. Mit vielen deutschen Worten kann man sich in Israel verständlich machen: Biss, Schluck, Leck, Rezept und Plattfuß, Spagat und »fuja« (für »pfui«) – das alles versteht ein Israeli sofort. Fortgeschrittene in der Germanismen-Forschung werden sich für »schtuijot bemitz agwanioth« interessieren, wörtlich übersetzt für »Quatsch mit Tomatensaft«. Ruvik Rosenthal ist überzeugt, dass die Wendung vom deutschen »Quatsch mit Soße« stammt.

Ruvik Rosenthals Liste ist lang. Der Sprachforscher und Autor führt sie mit Gründlichkeit. Dabei, sagt er, helfe ihm sein deutsch-jüdischer Hintergrund. Seine Liste ist ein Dokument des deutschen Einflusses auf Israels Sprache. Es ist erstaunlich, dass diese Prägung geblieben ist – trotz der Schoah.

Israel – der 17. Bundesstaat Deutschlands

Wie tief die hebräische und die deutsche Kultur heute miteinander verwoben sind, zeigte sich am 8. Mai 2011. Am 66. Jahrestag der Befreiung Deutschlands von der Nazi-Diktatur luden der israelische und der deutsche Verband des Kraftfahrzeuggewerbes gemeinsam zu einer feierlichen Abschlusszeremonie nach Netanja ein. Die Meisterklasse aus 20 jungen Israelis wurde in Deutschland und Israel ausgebildet. Die Urkunden der »Mechatroniker«-Meister sind unterzeichnet von Ronen Levy, dem Vorsitzenden des israelischen Verbandes, und von Jürgen Karpinski, seinem deutschen Gegenüber. Dass die Einladung am 8. Mai verschickt wurde, ist natürlich purer Zufall. Dennoch steht das für eine erstaunliche Normalität der Beziehungen. Mehr noch: Es zeigt, wie eng die Verbindungen zwischen beiden Ländern und ihren Gesellschaften geworden sind. Wenn ein deutscher Verbandsvorsitzender die Urkunde eines israelischen Kfz-Meisters unterschreibt, dann zeugt das von mehr als guter Zusammenarbeit.

Die Verbindungen zwischen Deutschland und Israel reichen in die feinsten Verästelungen des Lebens: politisch, wirtschaftlich, militärisch, kulturell, sportlich, in den Wissenschaften und im sozialen Bereich. Es gibt keinen gesellschaftlichen Bereich ohne Austausch, ohne gegenseitige

Besuche und Dialog. Die deutsch-israelische Verbindung erwuchs aus dem Gedenken an die Schoah – und ist heute im Leben beider Länder allgegenwärtig. Ja, manchmal scheint es – aus deutscher Perspektive –, als sei Israel der 17. Bundesstaat Deutschlands. So intensiv ist das Gefühl der Verpflichtung gegenüber Israel, so stark ist die Anziehungskraft, die von Israel ausgeht. So viele Hilfsgelder fließen nach Israel. Darauf einen »Jägermeister«, das In-Getränk in den Clubs und Kneipen von Tel Aviv!

Der Begriff der »bilateralen Beziehungen« passt nicht zu Israel und Deutschland. Angela Merkel, die deutsche Bundeskanzlerin, nannte den Grund. Am 18. März 2008 hatte sie die Ehre, als erste ausländische Regierungschefin in der Knesset eine Rede zu halten. Ausgerechnet eine Deutsche. Merkel sagte: »Die Schoah erfüllt uns Deutsche mit Scham. Ich verneige mich vor den Opfern, ich verneige mich vor den Überlebenden und vor all denen, die ihnen geholfen haben, dass sie überleben konnten. Nur, wenn Deutschland sich zu seiner immerwährenden Verantwortung für die moralische Katastrophe in der deutschen Geschichte bekennt, können wir die Zukunft menschlich gestalten. Oder anders gesagt: Menschlichkeit erwächst aus der Verantwortung für die Vergangenheit.«

Was Deutschland und Israel heute verbindet, ist mehr als Menschlichkeit. Es wirkt eine eigenartige gegenseitige Anziehungskraft zwischen dem Volk der Täter und dem Volk der Opfer. Oder warum leben heute 15 000 Israelis in Berlin? Und warum sind 80 Prozent der ausländischen Sozial-Volontäre in Israel Deutsche? Ja, 80 Prozent von 1200 jungen Freiwilligen in sozialen Diensten aus aller

Welt kommen aus Deutschland. Politisch formuliert geht es hier nicht um Anziehungskräfte, sondern um die »Verantwortung« der Deutschen gegenüber dem Volk, das sie einst auslöschen wollten. Für die deutsche Bundeskanzlerin ist »diese historische Verantwortung Deutschlands (…) Teil der Staatsräson meines Landes«. Die Kanzlerin gibt Israel eine Sicherheitsgarantie: »Das heißt, die Sicherheit Israels ist für mich als deutsche Bundeskanzlerin niemals verhandelbar.«

Es scheint, als seien Deutschland und Israel miteinander verwachsen zu einem Gebilde. So erklärt sich die Sicherheitsgarantie für den kleinen Staat im Orient. Die Verbundenheit lässt sich auch in Zahlen ausdrücken: Die Bundesrepublik Deutschland hat seit ihrem Bestehen enorme Summen in den Aufbau des jüdischen Staates investiert – aus dem Gefühl tiefer Schuld. Nach Angaben des Auswärtigen Amtes in Berlin flossen bis Ende 2010 mehr als 68 Milliarden Euro an Entschädigungsgeldern für das NS-Unrecht – vor allem an Juden, vor allem nach Israel. 26,5 Milliarden Euro erhielten in Israel lebende Verfolgte des NS-Regimes. Jedes Jahr kommen 370 Millionen Euro an Entschädigungsrenten hinzu. Mittlerweile gibt es Sonderentschädigungen für jüdische Zwangsarbeiter, Ghettoarbeiter und für all jene, die nicht in die Raster der bürokratischen Rentenbestimmungen passen.

Die Bereitschaft Deutschlands, den Völkermord am europäischen Judentum »wiedergutzumachen«, wie es in den 50er Jahren hieß, lässt sich nicht übersehen. In Israel ist dieser Versuch der Deutschen, den Juden die Hand zur Versöhnung zu reichen, anerkannt worden. Stellvertretend für sein Volk formulierte es Staatspräsident Schimon Peres am 27. Januar 2010, dem Holocaust-Gedenktag, im Deutschen Bundestag so: »Zwischen Deutschland und Israel haben sich einzigartige Beziehungen entwickelt. Die Freundschaft, die entstanden ist, hat sich nicht auf Kosten der Erinnerung an die Schoah entwickelt, sondern aus der Erinnerung an die finsteren Stunden der Vergangenheit. Im Blick auf die gemeinsame und maßgebliche Entscheidung, nach vorn zu schauen – hin zum Horizont der guten Hoffnung. ›Tikkun Olam‹ – die Welt in Ordnung bringen. Die Brücke über den Abgrund wurde mit Schmerzen in Händen und Schultern gebaut, die die Last der Erinnerung trugen. Sie ruht auf starken moralischen Fundamenten.«

Die Last der Vergangenheit war so groß, dass Deutschland und Israel ihre Beziehungen nach dem Krieg mit 20 Jahren Verspätung aufgenommen haben, offiziell erst 1965. Dann aber ging die Entwicklung umso schneller voran. Seit 2008 unterhalten die Regierungen beider Länder einmal im Jahr Regierungskonsultationen, wie es sie mit Frankreich schon seit 1963 gibt. Wie selbstverständlich besteht ein deutsch-israelischer Parlamentsaustausch. Delegationen des Bundestages und der Knesset besuchen sich gegenseitig, und jedes Jahr empfängt das deutsche Parlament zehn junge Gäste aus Israel. Sie erhalten ein Stipendium für fünf Monate, erleben die Arbeit des Bundestages und besuchen deutsche Abgeordnete in ihren Wahlkreisen. Eben im Bundestag, dem Hort des demokratischen Deutschlands, drückte der israelische Staatspräsident Peres aus, was sein Land von den Deutschen erwartet: »Wir haben geglaubt und glauben weiterhin, dass das neue Deutschland alles tun wird, was nötig ist, um sicherzustellen, dass der jüdische Staat nie wieder allein für sein Überleben kämpfen muss.« Das Credo, das Israels Präsident Peres im Deutschen Bundestag den Deutschen nahelegte, haben diese bislang gewissenhaft nachgesprochen und erfüllt – vor allem in dem Bereich, der den Israelis am wichtigsten ist, im Bereich der Sicherheit.

Aber nicht allein Israel profitiert von der Bündnistreue und Zahlungsbereitschaft der Deutschen. Auch für die in der modernen Kriegsführung weniger erprobte Bundeswehr ist die Begegnung mit der israelischen Armee ein Gewinn. Im Juli 2010 führten israelische Piloten auf dem Militärflughafen Ein Schemer ihren deutschen Partnern vor, wie die Drohne Heron funktioniert. Das unbemannte Flugzeug dient zur Aufklärung über Kriegsgebieten. Die Bundeswehr braucht das Flugzeug im Afghanistan-Krieg. Und so lernen deutsche Luftwaffenpiloten von israelischen Offizieren, wie die Drohne zu bedienen ist. Ein deutscher Major bezeichnete die israelische Assistenz bei der Übung als »enorme Hilfe«, denn so könnten die deutschen Soldaten »endlich geheimdienstliche Tätigkeit, Aufklärung und Überwachung direkt über dem Kriegsgebiet in Echtzeit betreiben« und »die Truppen und fahrende Konvois in Echtzeit unterstützen«. Die Bundeswehr will die Drohne bis Ende 2014 nutzen. Bis dahin dauert der Leasing-Vertrag. Das Flugzeug ist eines von vielen Beispielen der alltäglichen Rüstungszusammenarbeit zwischen Deutschland und Israel.

Zum Abschluss eines Besuches in Israel im Juli 2011 skizzierte Bundesverteidigungsminister Thomas de Maizière nach einem Gespräch mit dem israelischen Ministerpräsidenten Netanjahu, wie umfassend die Zusammenarbeit ist: »Ich habe darauf hingewiesen, wie erfolgreich wir die israelische Drohne ›Heron‹ zur Aufklärung in Afghanistan einsetzen. Wir selbst haben Patriot-, also Luftabwehrraketen, Israel zur Verfügung gestellt. Es gibt andere Projekte. Und so haben wir gesehen, dass es sehr viele Formen der Zusammenarbeit gibt, die wir fortsetzen wollen. In diesem Jahr werden zum ersten Mal deutsche und israelische Soldaten gemeinsam üben über Kreta. Wir haben ständige Begegnungen auch junger Offiziere, wir haben einen Dialog auf allen Ebenen. Wir sind in einer sehr engen Kooperation, auch was Rüstungsfragen angeht.«

Nach Informationen des unabhängigen Militärexperten Otfried Nassauer besteht schon seit Mitte der 50er Jahre eine intensive Rüstungszusammenarbeit zwischen beiden Staaten. Sie geschieht weitgehend im Verborgenen. Im israelischen Panzer Merkava wird zum Beispiel eine Reihe von Bauteilen eingesetzt, die aus deutscher Produktion stammen – zum Teil dieselben Komponenten, die auch die Qualität des deutschen Panzers »Leopard 2« ausmachen. Deutschland lieferte schon in den 50er Jahren Patrouillenboote, heute sind es U-Boote, deren Raketen nach Expertenauffassung mit nuklearen Sprengköpfen ausgerüstet werden können. Die deutsche Bundesregierung hat bereits drei Boote an Israel ausgeliefert und mittlerweile die Lieferung von drei weiteren U-Booten des Typs »Dolphin« an Israel beschlossen. Die Boote wurden überwiegend von Deutschland finanziert. Anlass war der Irak-

Krieg im Jahr 1991. Damals geriet Israel unter Raketenbeschuss aus dem Irak. Dennoch beteiligte sich Deutschland nicht am Krieg gegen das Regime von Saddam Hussein. Die U-Bootlieferung war eine Kompensation dieser Untätigkeit des gerade wieder vereinigten Deutschlands im Irak-Krieg.

Darüber hinaus liefern deutsche Rüstungsfirmen eine Fülle von Bauteilen für Lastwagen, Hubschrauber und Flugzeuge, elektronische Bausteine und Zünder für Waffen, die Israel seit Jahren einsetzt – auch in den besetzten palästinensischen Gebieten. Israel revanchiert sich heute mit Drohnen, früher lieferte das Land Maschinenpistolen des Typs »Uzi« nach Deutschland oder wertete sowjetische Waffentechnik aus, die die israelische Armee in den Kriegen gegen die arabischen Nachbarn erobert hatte. Bundesverteidigungsminister de Maizière bringt den Stand der Beziehungen mit den Worten auf den Punkt, die bilateralen Beziehungen seien »sehr eng, traditionell sehr eng«. Sie umfassten »die ganze Bandbreite der Themen – strategisch, taktisch, was die Rüstung angeht und was den Personalaustausch angeht«.

Selbst dann, wenn Israels Integrität verletzt wird, wenn das Land mit Krieg und Gefahren leben muss, fehlt es nicht an Hilfe. Seit 2009 unterstützt das Auswärtige Amt traumatisierte Kinder und Jugendliche in der Region um den Gaza-Streifen. Die Region steht seit zehn Jahren unter Raketenbeschuss aus Gaza. Das israelische »Traumazentrum für Opfer von Krieg und Terrorismus« hat festgestellt, dass 71 Prozent der Kinder im Grenzgebiet unter mindestens einem Symptom von posttraumatischem

Stress stehen. Deshalb unterstützt das Auswärtige Amt das Traumazentrum jedes Jahr mit etwa 250 000 Euro.

Auch in der Wirtschaft und in der Wissenschaft boomt die Zusammenarbeit beider Länder. Vielleicht ist es die Mischung der Mentalitäten, die die Kooperation so fruchtbar macht. Da treffen die israelische Wendigkeit im Denken, die Flexibilität und der Ideenreichtum der Israelis mit deutscher Effektivität, Ausdauer und Finanzkraft zusammen. Die Erfolge dieser Zusammenarbeit sind in Zahlen abzulesen: Deutschland importierte 2010 Waren im Wert von 1,7 Milliarden Dollar aus Israel und exportierte im Wert von 3,7 Milliarden Dollar nach Israel. Deutschland ist für Israel der drittwichtigste Handelspartner – nach den USA und China. Deutsche Großunternehmen wie SAP, Henkel, Siemens und Daimler haben längst ihre Dependancen oder Produktionsstätten in Israel. 60 000 deutsche Firmen unterhalten Kontakte zu israelischen Partnern. Israel exportiert nach Deutschland unter anderem seine hoch entwickelte und sparsame Bewässerungstechnik. Die israelisch-deutsche Industrie- und Handelskammer bejubelt die Zusammenarbeit in einem eigenen Magazin: »Eine gewinnbringende Kombination: Israelisches Know-how und deutsche Finanzkraft.«

Die Bewässerungsexperten der israelischen Firma Netafim loben ihre Tröpfchen-Technik als »präzise und effizient«. Sie lieferten, so heißt es, genau das, was in Deutschland erwartet werde.

Im Bereich der Wissenschaften fließen jährlich 30 Millionen Euro aus öffentlichen Haushalten und aus Stiftungen in die Zusammenarbeit mit Israel. Hier begann die

Kooperation schon in den 1950er Jahren. Die Fülle der Stiftungen, Preise, Stipendienprogramme und gemeinsamen Forschungszentren ist schwer zu überschauen. Sie reicht vom Bereich der naturwissenschaftlichen Forschung der Max-Planck-Gesellschaft und des israelischen Weizmann-Instituts bis hin zu einem Programm für die Berufsbildung. Dabei werden zum Beispiel gemeinsam Lehrmaterialien für die Ausbildung im Kraftfahrzeuggewerbe entwickelt.

Die Nähe zwischen Israel und Deutschland lässt sich auch an Preisverleihungen ablesen:

Im Jahr 2011 verlieh der israelische Bildungsminister Gideon Sa'ar den hochdotierten Wolf-Preis an elf Wissenschaftler aus den Bereichen Physik, Chemie, Landwirtschaft, Medizin und Kunst. Vier von elf Preisträgern waren Deutsche. Im selben Jahr verlieh die Hebräische Universität in Jerusalem zehn Ehrendoktorwürden – auch hier wurden vier Deutsche geehrt, unter anderem die deutsche Bundesministerin für Wissenschaft und Forschung, Annette Schavan.

In der Musik wird das Ineinander und Miteinander Deutschlands und Israels hörbar: 35 Israelis und 35 Deutsche sprechen zwei Stunden lang eine Sprache: die ihrer Instrumente. Sie sitzen bunt gemischt auf der Bühne. Im Tel Aviver Konzertsaal lässt sich kaum ausmachen, wer hier aus Israel stammt und wer aus Deutschland. Sie spielen Werke des Protestanten Johannes Brahms, der jüdischen Komponisten Henri Herz, Carl Goldmark und Viktor Ullmann. Bei ihrer ersten Begegnung besuchten die Musikstudenten aus Weimar und Jerusalem die KZ-Gedenkstätte in Buchenwald, beim Gegenbesuch die Holocaust-Gedenkstätte Jad Vashem in Jerusalem. Sie wissen um die Besonderheit ihres »Jungen Philharmonischen Orchesters Jerusalem-Weimar«. Für die Jerusalemer Akademie für Musik und Tanz leitet Professor Michael Wolpe das deutsch-israelische Projekt. Er erinnert daran, »dass sich das deutsche und das jüdische Volk gegenseitig sehr beeinflusst haben und gemeinsam großartige Dinge hervorgebracht haben«. Jetzt gehe es bei der Zusammenarbeit der beiden Studentenorchester darum, »diese Beziehung hervorzuheben und dorthin zurückzuführen, wo sie stand, bevor beiden Völkern diese Tragödie zustieß«.

Sollten wir es unterlassen, die gemeinsamen Auftritte des Orchesters der Musikschule Gießen mit dem Jugendorchester der Musikschule von Netanja zu erwähnen? Schwerer wiegt noch das Konzert des Israelischen Kammerorchesters, das im Juli 2011 doch tatsächlich in Bayreuth – vor Eröffnung der Bayreuther Festspiele – Richard Wagners »Siegfriedidyll« aufführte. Damit war für manchen Israeli die Schmerzgrenze des deutsch-israelischen Flirts erreicht. Noach Klieger, Überlebender des Konzentrationslagers Auschwitz, ist heute Redakteur bei der israelischen Zeitung »Jedioth Achronoth«. Er ist dagegen, dass israelische Orchester Werke von Wagner spielen – hier oder da: »Ich will Wagner nicht hier gespielt hören aus einem ganz einfachen Grund. Das ist der Mann, der Vater der Rassentheorie, die dann die Deutschen unter Hitler nur in die Tat umgesetzt haben. Aber die Theorie stammt von Wagner. Die stammt nicht von Hitler, die stammt von Wagner.«

Die deutsch-israelische Symbiose, über 3500 Kilometer Luftlinie hinweg, braucht Richard Wagner mit Sicherheit nicht. Sie ist auch ohne Wagner fest und unumkehrbar gewachsen: 100 Partnerschaften verbinden deutsche und israelische Städte. Im Jahr 2010 gab es 262 Begegnungen von Deutschen und Israelis im Jugendaustausch. Nach Informationen von »ConAct«, dem Koordinierungszentrum für den Deutsch-Israelischen Jugendaustausch in Wittenberg, sind sich im Laufe der vergangenen 50 Jahre 500 000 Jugendliche bei solchen Austausch-Reisen begegnet.

Das Knäuel der Beziehungen ist nicht zu durchdringen. Jeder Nachwuchsfußballer der deutschen U-18-Mannschaft macht eine Reise nach Israel. Und nördlich von Beersheva wächst in der Negev-Wüste unablässig der »Wald der deutschen Länder«. Auf einer Fläche von mehr als 400 Hektar haben deutsche Spender Bäume gepflanzt und pflanzen lassen – Kiefern, Akazien und Eukalyptus.

Gewiss: Israel ist nicht der 17. Bundesstaat Deutschlands. Und doch hat es manchmal den Anschein.

Günter Grass und die Krise
im deutsch-israelischen Verhältnis

»Warum sage ich jetzt erst,
gealtert und mit letzter Tinte:
Die Atommacht Israel gefährdet
den ohnehin brüchigen Weltfrieden?
Weil gesagt werden muss,
was schon morgen zu spät sein könnte;
auch weil wir – als Deutsche belastet genug –
Zulieferer eines Verbrechens werden könnten,
das voraussehbar ist, weshalb unsere Mitschuld
durch keine der üblichen Ausreden
zu tilgen wäre.«

Es musste gesagt werden. Im Rückblick wird deutlich,
warum. Günter Grass' viel gescholtenes Gedicht hat in
Deutschland im April 2012 eine tiefgreifende Diskussion
in Gang gesetzt, die lange in Erinnerung bleiben wird und
vielleicht mehr Erkenntnisgewinn gebracht hat als zu ver-
muten war. Zunächst überboten sich Politiker und füh-
rende Kommentatoren gegenseitig darin, Grass' Gedicht
zu verwerfen, ihn als einen alten Mann darzustellen, der
die Aufmerksamkeit des Volkes sucht. Mancher schmähte
Grass als Antisemiten. Fast wäre der Literatur-Nobelpreis-
träger aus dem deutschen PEN-Club ausgeschlossen worden. Der Sache nach hat die Kritik ihr Recht. Grass greift
eher unbewusst als bewusst auf antisemitische Denkmus-

ter zurück. Sein Gedicht unterstellt Israel, es beabsichtige einen nuklearen Erstschlag gegen Iran. Dieses Ziel kommt im Programm der israelischen Regierung nicht vor. Grass verkehrt die Wirklichkeit: Irans Präsident hat Israel wiederholt mit der Auslöschung gedroht und den Holocaust geleugnet. Die atomaren Ambitionen des Iran und die Ignoranz gegenüber der historischen Wirklichkeit – beides zusammen macht den Israelis Angst. Israels Drohgebärden gegenüber dem islamistischen Regime in Teheran sind eine Reaktion auf diese Auslöschungsrhetorik und auf die technischen Vorbereitungen für den möglichen Bau von Atomwaffen im Iran.

In Israel hat das Grass-Gedicht zwei Tage lang keinen interessiert. Dann setzte bei manchen ein Kopfschütteln ein. Der schon erwähnte Leitartikler Noach Klieger, der 1926 in Straßburg geboren ist und das Konzentrationslager Auschwitz überlebt hat, fragt sich: »Warum ausgerechnet wir die Gefahr sind, das habe ich nicht begriffen. Das wird auch niemand begreifen. Das kann auch kein Grass erklären.« Für ihn ist völlig klar, dass nicht Israel die Welt bedroht, sondern Iran. »Mit unseren sieben Millionen können wir doch die Welt nicht bedrohen.« Aber Iran sei »nicht nur Iran«, sondern auch ein islamisches Land, und es gebe auf der Welt über eine Milliarde und hundert Millionen Muslime. »Das ist eine größere Gefahr als die sechs Millionen Juden, die in Israel leben«, meint Noach Klieger.

Günter Grass' Gedicht aber verdreht die Wirklichkeit:

>»Jetzt aber, weil aus meinem Land,
>das von ureigenen Verbrechen,

die ohne Vergleich sind,
Mal um Mal eingeholt und zur Rede gestellt wird,
wiederum und rein geschäftsmäßig, wenn auch
mit flinker Lippe als Wiedergutmachung deklariert,
ein weiteres U-Boot nach Israel
geliefert werden soll, dessen Spezialität
darin besteht, allesvernichtende Sprengköpfe
dorthin lenken zu können, wo die Existenz
einer einzigen Atombombe unbewiesen ist,
doch als Befürchtung von Beweiskraft sein will,
sage ich, was gesagt werden muss.«

Günter Grass fordert, Deutschland dürfe keine U-Boote mehr an die israelische Marine liefern – U-Boote, von denen aus Mittelstreckenraketen mit atomaren Sprengköpfen abgeschossen werden können. Diese Raketen haben für Israel eine Abschreckungsfunktion. Sie sollen dem Gegner deutlich machen: Ein nuklearer Erstschlag gegen Israel würde die atomare Streitmacht des Landes nicht komplett zerstören. Denn von den »Dolphin«-U-Booten aus, die sich unerkannt in internationalen Gewässern aufhalten, könnte die israelische Marine jederzeit zurückschlagen. Genau diese Abschreckungsfunktion der U-Boote und ihrer Waffen bejaht auch die deutsche Bundesregierung. Sie hat sich an den Kosten für die bald sechs U-Boote großzügig beteiligt.

Doch ebendieser Zusammenhang scheint Grass beim Verfassen seines Gedichts nicht klar gewesen zu sein. Er sieht – pseudoprophetisch – die Gefahr, Deutschland könne sich erneut an der massenhaften Vernichtung von Menschen – etwa im Iran – beteiligen, indem es Israel mit den dafür nötigen Waffen ausrüstet. Tatsächlich erwägt die

israelische Regierung einen Erstschlag, um die Atomanlagen des Iran zu zerstören. Dazu bedürfte es aber nicht deutscher U-Boote, sondern amerikanischer Kampfflugzeuge.

In Israel gibt es ein breites Spektrum von Antworten
auf das Gedicht, vom Vorwurf des Antisemitismus gegen
Grass bis zum Freispruch. Die von Grass betriebene Ver-
kehrung der Verhältnisse hat die Konservativen in Israel
veranlasst, ihm Antisemitismus vorzuwerfen. Der Ausch-
witz-Überlebende Noach Klieger erinnert bei dieser Gelegenheit an Grass' spät entdeckte Mitgliedschaft in der
Waffen-SS. Er sei nicht einmal überrascht gewesen, als er
das Gedicht zum ersten Mal las. Denn: »Wenn jemand bei
der SS war, dann muss er ein Antisemit gewesen sein,
auch wenn er nur 17 oder 18 war. Es gibt auch junge Antisemiten, nicht nur alte. Wenn er damals also Antisemit
war, muss er es geblieben sein. Weil Antisemitismus ist
etwas wie Radfahren, das man gar nicht vergisst. Wenn
man das einmal ist, dann bleibt man das.«

Anders als Noach Klieger sieht Shimon Stein bei Grass
keinen Antisemitismus. Stein war von 2001 bis 2007 Botschafter Israels in Deutschland. Sein Gedicht gebe Gefühle
wieder, anstatt eine seriöse Diskussion in Gang zu setzen.
Steins Hauptvorwurf gegen den deutschen Schriftsteller
lautet: »Wollte er sich ernsthaft mit der Bedrohung des
Iran, mit der politischen Einstellung Israels auseinander-
setzen, hätte er eigentlich eine sachliche Diskussion an-
stoßen müssen.«

Noch weniger dramatisch sieht der Historiker Moshe
Zimmermann von der Hebräischen Universität in Jerusalem die Aussagen des Gedichts. Auch Zimmermann

spricht Grass vom Antisemitismus-Verdacht frei: »Wer gegen Israel ist, ist nicht automatisch antisemitisch. Und wenn es um die Bewaffnung von Israel geht, hat das mit Antisemitismus oder Judenfeindschaft überhaupt nichts zu tun.« Antisemitismus wirft der Jerusalemer Historiker nicht Grass vor, sondern entdeckt ihn »eher indirekt bei einer bestimmten Gruppe, eben bei vielleicht 20 Prozent der Bevölkerung.« Dennoch sieht Zimmermann wie Stein in der Terminologie des deutschen Schriftstellers antisemitische Züge. Der Historiker bezieht sich vor allem auf Grass' befürchtete »Auslöschung« des iranischen Volkes: »Wenn man davon ausgeht, dass es die Absicht oder die Möglichkeit gibt, von Israel aus das iranische Volk auszulöschen, dann landet man selbstverständlich auf dem Bauch, weil das erstens unwahr ist. Und zweitens erklärt sich diese Aussage auf dem Hintergrund der persönlichen Karriere von Günter Grass.« Wenn man von der »Auslöschung eines Volkes« spreche, spiele man damit auf »die Auslöschung der Juden im Zweiten Weltkrieg« an. Deshalb ist für Zimmermann klar, dass »so ein Gedicht weniger mit der gegenwärtigen Lage im Nahen Osten zu tun hat und viel mehr mit der persönlichen Abrechnung von Günter Grass mit seiner eigenen Vergangenheit«.

Vom Orient aus betrachtet geht es im Gedicht des 84-jährigen Günter Grass also gar nicht vordringlich um Israel und Iran, um deutsche U-Boote und um die Gefahr eines Atomkrieges im Nahen Osten – sondern um die Deutschen, 67 Jahre nach dem Holocaust. Das beobachtet auch der ehemalige Botschafter Shimon Stein. Er stellt generell fest: »Wenn Deutsche sich mit sich selber befassen, dann sind wir immer im Raum.« In Grass' Gedicht erkennt er kein Beispiel einer wachsenden Normalität im israelisch-deutschen Verhältnis. Vielmehr meint er, die deutsche Schuldzuweisung an Israel gehe einher mit dem Versuch, sich von der eigenen Schuld zu befreien: »Je mehr die Deutschen sich von ihrer Vergangenheit entlasten möchten, umso mehr müssen sie jemand anders belasten.«

Die Heftigkeit der Israel-Kritik in Deutschland muss tatsächlich verwundern. Da verherrlichen Solidaritätsaktivisten die Palästinenser als Volk unterdrückter Helden mit hehrer Gesinnung. Und das aggressive, auf die Mehrung der Macht bedachte Islamisten-Regime im Iran erscheint aus dem Blickwinkel mancher Israel-Kritiker als bedauernswert und verfolgt. Anstatt auf die historische deutsche Schuld zu blicken und sachliche Kritik an Israel zu üben, wird Israel schon jetzt als Generalschuldiger für den künftigen Weltenbrand hingestellt. Wer so verquer auf Israels weltpolitische Rolle blickt, dem wäre ein Besuch des Landes zu wünschen. Besser: ein Jahresstipendium zum heilsamen Miterleben der israelischen Wirklichkeit. Schon deshalb war die Reaktion des israelischen Innenministers Eli Jischai auf das Grass-Gedicht unsinnig. Jischai erklärte den deutschen Dichter zur *persona non grata* und erteilte ihm ein Einreiseverbot. Dieser populistische Kurzschluss führt ins Leere. Was Grass und seine vielen Gesinnungsgenossen in Deutschland vertragen könnten, wäre ein Aufenthalt in Israel.

Hier wird jeder begreifen: Ein Leben in Solidarität und Kritik mit Israel ist möglich. Im alltäglichen Leben mit Juden verschwindet die Befangenheit zwischen bekennt-

nishaft-theoretischem Philosemitismus und komplex-
gesteuertem Antisemitismus. Wer in Tel Aviv – oder an-
derswo im Land – mit lebt, wird all die eigenen Argu-
mente gegen israelische Politik auch hier hören, natürlich
auch die Gegenstimmen, die verständlichen wie auch die
unbrauchbaren. Im vielstimmigen Chor der Meinungen,
im radikalen Dialog der israelischen Öffentlichkeit lösen
sich Vorurteile gegen »Israel« ganz von selbst auf. Die oft
ersehnte »Normalität« im deutsch-israelischen Verhältnis
ist im israelischen Alltag zu erfahren. Niemand muss sie
mehr als akademische These oder quälenden Wunsch vor
sich hertragen.

In Israel lassen sich auch die Angst und das Gefühl der
Bedrohung mitempfinden, die die Menschen angesichts
der Vernichtungsreden des iranischen Präsidenten umtreiben. In den Cafés sitzen bis heute Auschwitz-Über-
lebende, erkennbar an der eintätowierten Nummer am
Unterarm. Wer sie sieht und mit ihnen spricht, für den
klingen die Hasspredigten aus Teheran umso unerträg-
licher.

Von Israel aus beobachtet, ist das Grass-Gedicht Ausdruck einer deutschen Pathologie. Da will einer ein neuer
guter Deutscher im Bewusstsein der Schuld sein und sich
gegen künftige »Auslöschungen« einsetzen – und schlägt
zu diesem Zweck unsachlich auf Israel ein. Ebenso patho-
logisch erscheint aber der politisch-publizistische Chor
derer, die das Gedicht und seinen Autor kategorisch ab-
lehnen, ihn aus dem PEN-Club ausschließen wollen und
den einst geliebten Nobelpreisträger nur noch als »Antisemiten« beschimpfen. Der Historiker Moshe Zucker-

mann, Professor an der Universität Tel Aviv, hat in den Reaktionen auf das Grass-Gedicht in Deutschland eine Hysterie bemerkt: »Es ist ja in der Tat so, dass man meint, Israel damit etwas Gutes zu tun. Aber objektiv tut man Israel nichts Gutes, und schon gar nicht erachte ich das für freundschaftlich.« Dem Chor der Philosemiten wirft Zuckermann »eher eine deutsche Befindlichkeitsprojektion« vor, die »eigentlich nichts mit der realen Situation Israels zu tun« habe.

Wer wie Grass gegen Israel Position bezieht, wird in Deutschland schnell, allzu schnell als Antisemit abgestempelt. Dieser verbreitete Philosemitismus ist Ausdruck einer Vergangenheitsaufarbeitung nach Art des deutschen Musterschülers. Nach dem Motto: Wer für Israel ist, steht immer auf der richtigen Seite. Das ist das Ergebnis einer statischen Verarbeitung der deutschen Schuld. Sie äußert sich in immer richtigen Sätzen vom »nie wieder« bis zum merkwürdigen und doch eigentlich selbstverständlichen Bekenntnis zum »Existenzrecht des Staates Israel«. Der Philosemitismus ist das Ergebnis einer starren, überordentlich-deutschen Vergangenheitserledigung.

Zuckermann sieht im Philosemitismus ein »neuralgisches« Phänomen: »Das rührt noch an Unaufgearbeitetes, es rührt noch an das, was Mitscherlich vielleicht zu pauschal damals mit der ›Unfähigkeit der Deutschen zu trauern‹ gemeint hat. Das heißt also, dass man anfängt, sich etwas einzugestehen, das eine ganz andere Beziehung zu Juden, zu Israel herstellen würde als dieses Tabuisierte, dieses mit der Käseglocke zu hermetisch Abgedeckte«. Zuckermann analysiert im Freudschen Sinne: »Was man verdrängt und was man sozusagen im Tabu belässt, fordert immer wieder sein Recht auf Wiederkehr. Und wenn das dann wiederkehrt, tritt es immer in vehementer, in gewalttätiger, in aggressiver Form auf.« Und bei den Deutschen sei »doch eine ganze Menge noch unaufgearbeitet – wie auch auf der israelischen Seite«.

Gleichwohl ist es möglich, mit dem Grass-Gedicht ganz entspannt umzugehen. In Israel ist es sogar möglich, in diesen Zeilen des ehemaligen Waffen-SS-Mannes auch einen positiven Denkanstoß zu erkennen. Moshe Zuckermann stellt fest: »Grass ist kein Antisemit.« Er kann dem vielgescholtenen Gedicht sogar etwas abgewinnen: die Anregung einer notwendigen Debatte über die »Nuklearisierung des Nahen Ostens«. Natürlich wolle Israel das persische Volk nicht vernichten. Dennoch müsse darüber diskutiert werden, was ein israelischer Präventiv-Schlag gegen die Atomanlagen des Iran für die Region bedeuten würde. Und wenn es zum israelisch-iranischen Krieg kommen sollte – »Was für Waffen könnten dann eingesetzt werden?« – fragt Zuckermann auf Anregung von Grass.

Auch Zuckermanns Kollege aus Jerusalem, Moshe Zimmermann, hält es für richtig, über die nukleare Bewaffnung Israels zu diskutieren. Er attestiert Grass: »In diesem Gedicht steckt bestimmt ein Funken Wahrheit«, ja ein »wahrer Kern«. Es sei »faktisch ein bisschen unfundiert«. Aber Grass hat aus Zimmermanns Sicht auf die »doppelte Moral« aufmerksam gemacht: Der Westen sei gegen Atomwaffen in den Händen Irans, »aber beim Thema atomare Bewaffnung Israels schweigt man oder schickt sogar die U-Boote nach«. So könnte das Grass-Gedicht am Ende doch sinnvolle Debatten angestoßen haben: Wie steht Deutschland generell zur nuklearen Bewaffnung Israels? Und sollte ein atomwaffenfreier Naher Osten das Ziel der Weltgemeinschaft sein, also ein Naher Osten ohne Atomwaffen in den Händen Israels wie auch des Iran?

Der größte Erkenntnisgewinn der »Grass-Debatte« liegt darin: Noch nie wurde die Diskrepanz zwischen öffentlicher und veröffentlichter Meinung so deutlich. Was bei Staatsbesuchen deutscher Politiker in Israel gesagt wird, was in Leitartikeln der führenden Blätter steht, ist in der Regel streng israeltreu. Das Volk aber denkt anders. Nach einer Umfrage der deutschen »Financial Times« halten 56 Prozent der Befragten die Thesen des Nobelpreisträgers über Israel für »richtig«. Und eine Umfrage des »stern« ergab, dass 59 Prozent der Deutschen Israel für »aggressiv« halten. 70 Prozent finden sogar, Israel verfolge seine Interessen ohne Rücksicht auf andere Völker. Diesen Befragungen zufolge hat Grass also der Mehrheit der Deutschen aus der Seele gesprochen. Zugleich empörten sich Politik und Medien kollektiv über das Gedicht. Den Jerusalemer Historiker Moshe Zimmermann überrascht das nicht: »Meines Erachtens ist diese Kluft schon seit langem bekannt. Die Regierung, die Politik geht mit Israel sehr vorsichtig um. Die Vergangenheit spielt eine wichtige Rolle, man will keinen Fehler machen. Und die Öffentlichkeit, die reagiert auf etwas ganz anderes. Also, dort weiß man Bescheid, dass die Politik ein Spiel spielt, das mit Wahrheiten nichts mehr zu tun hat.«

Zimmermann erklärt, warum die Antipathien gegen Israel in Deutschland gewachsen sind. Israel tue »alles, um den Friedensprozess irgendwie zu bremsen«. Deshalb erwarte die deutsche Öffentlichkeit von der deutschen Regierung, »dass sie etwas tut, um den Friedensprozess ein bisschen zu beleben und zu beschleunigen«. Aber die Regierung in Berlin bleibe passiv und verstecke sich, meint Moshe Zimmermann, Sohn von Hamburger Eltern. Er zeigt Verständnis für die Enttäuschung der Deutschen angesichts dieser Passivität und Schwäche: »Man kann sogar sagen: Die deutsche Regierung unterstützt ziemlich direkt diese rechtsorientierte israelische Regierung.«

So hat die Debatte um das Gedicht der Politik eine Aufgabe hinterlassen: Wie soll sie künftig mit der abweichenden Meinung des eigenen Volkes umgehen? Für Ex-Botschafter Shimon Stein darf sich am jetzigen Kurs der Regierung in Berlin nichts ändern: »Diese Kluft finde ich ganz besorgniserregend«. Die Politik, meint Stein, dürfe an dieser Stelle nicht Rücksicht auf die Meinung der Öffentlichkeit nehmen. Die Regierung müsse die Beziehung zu Israel weiter selbst in der Hand behalten. Sonst könne am Ende »diese historische, moralische Verpflichtung, die man aufgenommen hat« vernachlässigt werden. Ohne Illusionen sagt Shimon Stein, die deutsch-israelische Freundschaft sei ein »Elitenprojekt«. Er erwartet vom Volk auch in Zukunft keine Hinwendung zu Israel.

Eine ganz andere Lösung sieht Moshe Zuckermann von der Universität Tel Aviv für die fernere Zukunft. Eines Tages müsse die offene und kritische Rede auch in der politischen Sphäre zwischen beiden Ländern zu erreichen sein. Zuckermann meint, »dass es an der Zeit wäre, jetzt endlich mal auch zu sehen, auf was diese Beziehungen gestellt sind und wie sie eigentlich zu sein hätten, wenn man wirklich ehrlich miteinander umgehen will«. Es gebe nun mal an Israel im komplexen Kontext des Nahen Ostens »eine ganze Menge zu kritisieren«. Zuckermann fordert einen neuen, offenen und ehrlichen Dialog zwischen Deutschland und Israel, gleichermaßen zwischen den Staaten und den Gesellschaften beider Länder: »Da müsste man doch irgendwie etwas offener miteinander reden können.« Und er fügt gleich hinzu: »Das geht aber noch nicht.«

Die Jeckes leben weiter

Schon seit vielen Jahren, fast seit Jahrzehnten höre ich, man müsse sich beeilen, die letzten »Jeckes« kennenzulernen, die Juden, die aus Deutschland nach Israel einwanderten. Tatsächlich sind sie weniger geworden. Aber viele von ihnen haben ein hohes Alter erreicht und sind bis heute Teil einer ganz eigenen Gruppe von Einwanderern. Nach der Machtübernahme der Nationalsozialisten in Deutschland flohen 60 000 deutsche Juden nach Israel. Für viele von ihnen blieb Israel immer ein fremdes Land. Sie waren so tief in der deutschen Kultur verwurzelt, dass sie nie in der hebräischen Sprache heimisch wurden. Dennoch brachten sie ihre Bildung und ein wirtschaftliches Potenzial ins Land. Sie gründeten Unternehmen, die bis heute präsent sind – etwa die Lebensmittelkonzerne »Osem« und »Strauss«. Sie prägten das israelische Rechtssystem, die Architektur und den Musikbetrieb. Zugleich ernteten sie den Spott der osteuropäischen Einwanderer. Die Etikette der Jeckes, ihr Ernst und ihre sprachliche Schwäche, machte sie angreifbar in einem Land, in dem der alltägliche Überlebenskampf grobe Umgangsformen mit sich brachte.

In fünf Jahren in Tel Aviv habe ich immer wieder Jeckes getroffen. Die Begegnung mit ihnen ruft stets ein untrügliches Gefühl tiefer Verwandtschaft in mir hervor. Jede

Begegnung mit einem Jecken ist zugleich das Eintauchen in eine je eigene Gedankenwelt. Welche Geschichten die Jeckes zu erzählen haben, hängt sehr davon ab, wann und unter welchen Umständen sie die Heimat verlassen mussten.

Die wichtigste und größte Gruppe der Jeckes kam in den 30er Jahren ins Land. Die meisten von ihnen zogen nach Tel Aviv, in die europäischste unter den Städten in Palästina. Häufig scheint es mir, als trenne mich überhaupt nichts von ihnen. Die deutschen Juden, die in dieser Zeit einwanderten, haben die schlimmsten Exzesse des Judenhasses der Nazis nicht erlebt. Sie tragen ein relativ heiles Bild ihrer ersten Heimat im Herzen.

Die alte Heimat ist verloren, aber das Leben in Tel Aviv ist ein Leben in Freiheit: Die Stadt besitzt einen eigentümlichen Eros. Er entsteht aus mediterraner Wärme, salziger Meeresluft und eben aus einem Gefühl von Freiheit. In Tel Aviv kann jeder sein, wie er ist: homosexuell, ultraorthodox, hedonistisch oder wie auch immer. Die Stadtkulisse für dieses Leben in Freiheit besteht aus pulsierenden Geschäftsstraßen unter den dichten Kronen der Ficus-Bäume, aus den privat anmutenden, stillen und von Grün durchzogenen Seitenstraßen, wo sich ein Bauhausgebäude ans nächste reiht, aus den Knäueln der Strom- und Telefonleitungen, die jede Straße, jede Fassade in einen chaotischen Zustand versetzen. Die Cafés der Stadt sind zu jeder Tageszeit voll, auf den Bürgersteigen tun die Tel Aviver so, als interessierten sie sich nicht füreinander, dabei richten sie sich für ihr Schaulaufen durch die Stadt extra her. Tel Aviv ist eine junge Stadt, die 20- bis 40-Jährigen dominieren. Vielleicht fühlen sich die übriggebliebenen alten Jeckes gerade deshalb so wohl in Tel Aviv. Zum Beispiel Mordechai Virshubski, 1930 in Leipzig geboren. Er kam 1939 nach Tel Aviv und lebte bis 2012 in demselben Quadratkilometer, in dem ich angekommen bin« – natürlich in einer Seitenstraße der Ben Jehuda, wo einst Deutsch die zweite Sprache war. Virshubski sagte, er sei »mit Tel Aviv aufgewachsen«, obwohl er in Deutschland schon zweieinhalb Jahre Schule hinter sich hatte. Er war Justitiar der Stadt Tel Aviv und 25 Jahre lang Mitglied im Stadtrat.

Virshubski erinnerte sich an die ersten Momente in Tel Aviv: »Wir kamen mit einem Bus nach Tel Aviv. Und dann sind wir mit einem Taxi in das Geschäft von meinem Onkel gefahren. Und ich hab gefragt: Wann kommen wir in die Stadt? Erstens waren die Häuser zwei oder drei Stockwerke hoch, wie in einer Vorstadt in Deutschland. Und zweitens waren überall Telegrafenmasten und Stromleitungen. Da hab ich gesagt: Das muss doch außerhalb der Stadt sein! Wie kann das inmitten der Stadt sein. Ich konnte das irgendwie nicht verdauen.«

Mordechai Virshubski war stolz auf seine Stadt: 380 000 Einwohner hat sie. Rechnet man die Vorstädte hinzu, dann kommt man auf drei Millionen Einwohner im Großraum Tel Aviv. Die Stadt ist die Urzelle dieses Ballungsraums, und ihre Liberalität ist der Maßstab des Lebens auch in Ramat Gan, Bat Jam, Holon, Petach Tiqwa und den anderen Vororten. Wie sich diese erste jüdische Stadt, »Altneuland«, weiterentwickelte, wissen die Zeugen der ersten Jahrzehnte am besten. Zu ihnen gehört Esther Parnes. Sie lebt seit Dezember 1933 in Tel Aviv. Ihre Familie floh vor den Nationalsozialisten aus Hamburg. Bis zum Jahr 2009 betrieb sie ein Antiquariat, vor allem für deutsche Bücher, in der Ben-Jehuda-Straße 116. Heute ist Esther Parnes 90 Jahre alt. Ihre Erinnerungen an den ersten Tag in Tel Aviv klingen heiter: »Nachdem wir die Busfahrt aus Haifa überstanden hatten, sind wir in ein kleines Hotel gegangen in der Hajarkon-Straße, und morgens früh sind wir aufgewacht von Glockengebimmel. Das waren Kamelkarawanen, die da die Straße langgingen. Die haben, glaube ich, Baumaterial oder irgend so was transportiert.« Als Hamburgerin gefiel ihr, dass der Strand so nahe war und dass man sogar im Dezember am Meer spielen konnte. »Tel Aviv war damals eben im Bau«, erinnert sie sich. »Wir sind dann in eine Wohnung gezogen, ein Haus, das gerade fertig gebaut war. Wir waren die ersten Mieter.«

Mit ihrem Mann zusammen betrieb sie das Antiquariat, das sie nun schließen musste. »Da wir hauptsächlich ein deutsches Antiquariat hatten, sind Leute deutscher Abstammung zu uns gekommen. Und das waren viele Regierungsleute und Leute aus dem Erziehungswesen. Die haben sich eigentlich immer am Freitag bei uns getroffen.« Am Freitag kam die Kundschaft und »wühlte durch«, was neu eingegangen war, und unterhielt sich dabei.

Noch etwas brachten die deutschen Juden in den Orient: Sie eröffneten Cafés. Mimi Frons, gebürtige Berlinerin, zog 1935 nach Tel Aviv. Sie ging jahrzehntelang ins Café Mersand in der Ben-Jehuda-Straße, einer breiten Geschäftsstraße, die parallel zum Strand in Nord-Südrichtung verläuft. Heute treffen sich in dem Café alle Generationen. Am Freitagvormittag sitzt immer noch ein Grüppchen alter Jeckes-Damen im Mersand. Bis zu ihrem Tod im Jahr 2011 gehörte Mimi Frons zu ihnen und fühlte sich dort zu Hause. Die deutschen Einwanderer brachten die Café-Kultur nach Israel. »Das war ja fremd hier. Wir waren es gewohnt von zu Hause. Nachher gab es ein Café nach dem anderen«, sagte Mimi Frons. In den Seitenstraßen der Ben Jehuda wurde sie heimisch: »Die ganze Gegend war hier von deutschen Juden bewohnt. Die Gordon und die Mapu und die Ben-Gurion, überall haben hier Deutsche gelebt.« Jetzt sei es schon »ganz anders«, weil bereits die zweite und die dritte Generation in dem Viertel lebe. »Aber«, meinte Mimi Frons, »wir haben eine schöne Stadt aufgebaut. Tel Aviv ist eine sehr schöne Stadt. Es gibt viele alte Gebäude im Bauhaus-Stil.«

Die heute 80- bis 90-jährigen deutschen Einwanderer kamen als Kinder nach Tel Aviv. Anders als ihre Eltern, die nach dem Umzug in den Orient unter einem Kulturschock standen, nahmen sie die neue Stadt schnell an. Mordechai Virshubski aus Leipzig erinnerte sich an ein neues Gefühl der Freiheit: »Alle Straßen, die großen wie die kleinen, hatten freie Flächen, wo keine Häuser standen und wo später gebaut wurde. Man konnte dort spielen – für uns, hauptsächlich für uns jeckische Kinder, Kinder von Deutschland, war das eine phantastische Sache. In Deutschland konnten wir nicht auf der Straße spielen, erstens passte das nicht zum Milieu, zweitens war es in den 30er Jahren schon nicht mehr so einfach für ein jüdisches Kind, so rumzulaufen in den Straßen der Städte.«

Dann erwähnte Mordechai Virshubski, wie paradox ihm die Kindheit in Tel Aviv im Rückblick erschien. »Es war ein wundervolles Leben«, erzählte er, »für uns Kinder waren die Jahre 1940 bis 1945 – die schlimmste Zeit für das Judentum in der ganzen Welt, in Europa – eine phantastische Zeit«. Und das, obwohl die ältere Generation ungefähr wusste, was in den deutschen Konzentrationslagern geschah.

1940, gut 30 Jahre nach der Gründung der Siedlung, war Tel Aviv eigentlich immer noch eine Kleinstadt – mit 140.000 Einwohnern. Aber das Lebensgefühl der Bewohner war schon großstädtisch. Seit Mitte der 30er Jahre verfügte die Stadt über alles, was eine Großstadt ausmacht. Schon damals wurde in Tel Aviv gefeiert, erinnert sich Esther Parnes: »Das haben wir ja sogar schon in unserer Jugend mitbekommen, das Feiern, obwohl wir diese Jahre im Weltkrieg mitgemacht haben.« Der israelische »Hora«-Tanz wurde in den Kibbutzim gepflegt. Aber die Tel Aviver feierten »ganz normal«. Esther Parnes ging »in irgendwelche Bars« und tanzte, obwohl es allen »ziemlich schlecht« ging und »keiner Geld hatte«. Ein Kino-Besuch war für sie schon eine Feier.

Dass die alten Jeckes, die deutschen Juden, die einst der Stadt Tel Aviv ihr Gesicht gaben, heute weniger werden, ist ganz normal. Mimi Frons, die Ex-Berlinerin, einst jeden Tag im Café Mersand anzutreffen, sah das zwei Jahre vor ihrem Tod ganz nüchtern: »We are on the way out. Das war's. Wir sind auf dem Wege nach Haus. Man muss jeden Tag, der mehr kommt, nehmen. Wir leben von Tag zu Tag.« Mimi Frons gehörte zu der Gruppe der »Ur-Jeckes«, die vor dem Holocaust nach Palästina kamen und trotz des Heimatverlusts nicht gebrochen wirkten. Sie strahlte Lebensfreude aus, konnte lachen, war gemeinsam mit ihren Freundinnen Fan des deutschen Showmasters Günther Jauch und seiner Quizshow. Ähnlich unbefangen wirkt Ruth Kupferberg, die schon 1936 aus Hildesheim nach Israel kam. Sie sitzt im Speisesaal des »Elternheims Pinchas Rosen« in Ramat Gan, einer bürgerlich-grünen Vorstadt östlich von Tel Aviv. Auf dem Stuhl neben ihr hat Marius Bischoff Platz genommen, ein 20-jähriger blonder Bube, schlank, lächelnd, kraftstrotzend.

Die Umgangssprache im Elternheim ist Deutsch. Hier wohnen hundert alte Menschen, unabhängige und pflegebedürftige, und die meisten von ihnen stammen aus Deutschland oder Österreich. Zu ihnen gehört die 98-jährige Frau Kupferberg. Sie habe »nur gute Erinnerungen«, sagt sie. Ihre Mutter schickte sie zu den Ursulininnen in Hildesheim in die Klosterschule. Die hätten »alles getan, mich zu bevorzugen«, betont sie immer wieder. »Und der Vikar, der den Religionsunterricht gegeben hat, der hat gesagt: Na, Ruthchen, komm mal her, von dir kann ich doch noch lernen.« Ruth Kupferberg und ihr Betreuer Marius Bischoff, ein Freiwilliger der Aktion Sühnezeichen aus Deutschland, wirken wie ein unzertrennliches Paar, das sich in vielen Stunden schon allerlei gegenseitig anvertraut hat – über das Leben, über Erfahrungen und Hoffnungen. Sie wirft ihrem Betreuer einen kecken Blick zu. Auf die Frage, was für ein Verhältnis die beiden miteinander hätten, sagt sie: »Was ist das für ein Miteinander? Was für ein Verhältnis?« Sie lacht, schaut mich an und

ruft: »Ja, stellen Sie mich nicht in ein zu schiefes Licht!«
Mit Ruth Kupferberg plaudert Marius Bischoff frei und
locker – es scheint, als sei die Brücke zwischen der Jüdin
und dem Deutschen nie beschädigt worden.

Aber ganz so einfach ist nicht jede Begegnung mit den
Jeckes. Der kleinere Teil von ihnen kam nach dem Holocaust in den Orient, kurz vor oder kurz nach der Staatsgründung im Jahr 1948. Zu ihnen gehörte Hanni Krispin.
Sie wurde eine Freundin der Familie. Wenn ich mich län-
ger nicht meldete, griff sie zum Telefonhörer und erkun-
digte sich nach dem Wohlergehen. Hanni Krispin hat sich
bis zuletzt nicht an die Umgangsformen in Israel ge-
wöhnt. Sechs Jahrzehnte reichten ihr nicht aus, um zu begreifen, warum viele Menschen in Israel einander nicht
höflich die Tür aufhalten, sondern sie dem Nächsten vor
der Nase zufallen lassen. Sie empörte sich darüber, dass
die Israelis sich schamlos vordrängeln, statt anderen den
Vortritt zu lassen.

Hanni Krispin saß auf einem Sessel in ihrer Wohnung
in der Innenstadt von Tel Aviv. Die Fensterläden ließen
nur wenig Licht in das Wohnzimmer. Sie bot Kuchen, Dat-
teln und Schokoladeneier an. Die dunklen Teppiche, die
Glasmosaike, die Möbel zeugten davon, wer sie war: eine
deutsche Jüdin, geboren vor 88 Jahren in Memel, im
früheren Ostpreußen. Sie sprach von ihrer preußischen
Prägung, von ihrer Lebenshaltung, von Disziplin. Hanni
Krispin hatte die Aura einer weltgewandten, vornehmen
Dame. Sie trug eine Perlenkette, ein zartes Rosa auf den
Fingernägeln. Sie interessierte sich vor allem für inter-
nationale Politik. Es fiel ihr schwer zu lächeln. Wer ihre

Geschichte kennt, versteht, warum das so war. Und auch, warum es in den Gesprächen mit ihr oft um den Holocaust ging – und um die scheinbar ausweglosen politischen und militärischen Konflikte von heute. Hanni Krispin lebte bis zu ihrem Tod im Jahr 2012 mit der Erinnerung an eine grausame Vergangenheit im Ghetto und im Konzentrationslager.

Als 14-Jährige wurde Hanni Krispin, damals Hanni Kolumbus, im Dezember 1938 ins Ghetto von Kaunas in Litauen verschleppt, am 14. Juli 1944 deportierte die SS sie ins Konzentrationslager Stutthof bei Danzig. Am 23. April 1945, zwei Wochen vor dem Ende der nationalsozialistischen Herrschaft in Deutschland, räumten die SS-Aufseher auf einen Befehl des »Reichsführers SS«, Heinrich Himmler, das KZ. Kein Häftling sollte lebend in die Hände der Alliierten fallen. Hanni und ihre schwerkranke Mutter wurden im Hafen von Hela an der deutschen Ostseeküste auf ein Tankschiff getrieben. Hanni Krispin erinnerte sich sehr genau an die letzten Tage ihrer Gefangenschaft: »Die Viehwaggons haben uns an irgendein Wasser gebracht, das war wahrscheinlich die Ostsee, und da war so ein Kutter, der eigentlich ein Tanker war, nicht für Menschen, und da hat man uns geschubst – in dieses Schiff, in dieses Boot. Wer ins Wasser gefallen ist, ist ins Wasser gefallen, wer aufs Boot gekommen ist, ist aufs Boot gekommen.« Sie saß bei uns auf der Terrasse, als sie ihre Geschichte erzählte, in einer stillen Seitenstraße im Zentrum von Tel Aviv. Wir haben Kaffee und Kuchen hinter uns. Auf einmal wurde mir deutlich, mit welchen inneren Spannungen Hanni Krispin leben muss. Die Bürde ihres Leidens ragt unaufhörlich ins scheinbar friedliche Jetzt: »Das Boot war gepackt mit Menschen. Es waren nicht alle Juden. Es waren verschiedene Leute, die in Stutthof eingesperrt waren. Und dann plötzlich – und wir waren ungefähr zehn Tage unterwegs, ohne Essen, ohne Wasser, ohne nichts – wenn einem [Aufseher] die Nase nicht gefiel, haben sie sie ins Wasser geworfen. Wenn jemand raus wollte aufs Deck, hat man ihn ins Wasser geworfen. Aber ich war sehr geschickt. Ich habe gesehen, wenn was los ist.«

Hanni Kolumbus überlebte die Todesfahrt nach Westen. Sie dauerte zehn Tage. Viele ihrer Mitgefangenen überstanden die Tortur nicht. Was mit ihnen geschah, trieb Hanni Krispin um.

Am 3. Mai lag das Schiff zusammen mit sieben anderen in der Kieler Bucht. An diesem Tag bombardierten britische Kampfflugzeuge die acht Schiffe mit mehr als 10 000 Menschen an Bord, die meisten von ihnen KZ-Häftlinge. Die Briten hatten falsche Geheimdienstinformationen. Sie vermuteten Nazis auf den Schiffen, die vor den heranrückenden Alliierten in Richtung Skandinavien fliehen wollten. 7500 Menschen wurden durch die britischen Bomben getötet. Der ehemalige Luxusdampfer »Cap Arcona« sank. Hanni erlebte den Angriff auf dem namenlosen Tankschiff.

Sie erinnerte sich präzise an das Bombardement: »Ich war auf dem Deck, als die Bomben gefallen sind. Wer getroffen wurde, der wurde getroffen, aber ich wurde nicht getroffen. Und das Boot hat angefangen zu brennen. Aber das Boot hat wenig Holz gehabt, meistens war es [aus] Eisen. Das heißt: Sie konnten nichts anfassen. Alles war heiß. Aber das Deck hat ein bisschen gebrannt. Und alle sind aus dem Bauch dieses Boots herausgelaufen an die Luft. Und ich wollte in die Tiefe des Boots hinein, denn ich wusste: Meine Mutter ist dort. Also, das ist absolut unmöglich, gegen einen Ansturm anzulaufen. Und da bin ich hingefallen, und alle sind auf mich getreten, und ich habe beschlossen, wunderbar zu sterben. Man fühlt gar nichts.«

Das Schiff trieb manövrierunfähig in der Eckernförder Bucht. Hanni Kolumbus wurde bewusst, dass sie lebt. Sie kroch in »dieses dunkle Loch« des Tankschiffs, aus dem es rauchte, fand ihre Mutter und schleppte sie an Deck. Hanni Krispin sah, dass Bewacher in grüner Uniform auf zwei Rettungsboote flüchteten. Eines der Boote kenterte – zur Freude der Gefangenen. Matrosen der deutschen Marine und einige SS-Männer blieben an Deck. Das Schiff lag schräg im Wasser. Dann kam plötzlich ein Feuerschiff aus Kiel. Es nahm 150 Gefangene auf. Die übrigen blieben auf dem von Bomben ruinierten Schiff.

Für Hanni und ihre Mutter war die Ankunft des Feuerschiffs aus Kiel das Ende der Qualen als KZ-Gefangene. Der Kapitän berichtete, Hitler sei tot, der Krieg sei bald zu Ende. »Wir verstanden nicht, was sie redeten«, erzählte Frau Krispin im Rückblick. Es gab für alle Haferflocken zu essen – das war »unser Glück«.

An der Ostseeküste zwischen Lübeck, Kiel und Eckernförde hatten die Deutschen vom Mord an den Juden und anderen verfolgten Menschen lange nichts mitbekommen. Nun plötzlich spielte sich das Morden in ihrer eigenen Umgebung ab. Hunderte Menschen starben bei dem Bombenangriff auf die »Cap Arcona« – ihre Leichen wurden in der Lübecker Bucht an den Strand geschwemmt. In Neustadt bei Lübeck ermordeten SS-Leute oder deutsche Soldaten am 3. Mai 300 KZ-Gefangene aus Stutthof, die auf anderen Schiffen strandeten. Hanni Kolumbus hatte Glück, dass das Feuerschiff aus Kiel sie aufgenommen hatte. Es war Mai, das Wetter war schön, sie und ihre Mutter hatten überlebt. Ein deutscher Polizist geleitete sie in eine Schule, Hanni wurde mit Essen und Kleidung versorgt. Der Polizist, erinnerte sich Frau Krispin, habe ihnen angekündigt: »Und dort werdet ihr warten, bis die Engländer kommen.« Hanni war fassungslos: »Ich erinnere mich wie heute, wie ich meiner Mutter sage: ›Mit wem macht er diese faulen Witze?‹« Die Mutter kam wenig später zur Behandlung in ein Krankenhaus.

Deutsche Marinesoldaten brachten Hanni und ihre Mithäftlinge nach Friedrichsort, einen Vorort von Kiel. Sie beschrieb den Ort als angenehme Villen-Vorstadt, als ein »Sommerlager«: »Dort haben wir Doppelbetten bekommen, und dort hat man uns mit DDT [eingesprüht]. Und das war herrlich! Das DDT, das war das Beste, was uns passiert ist. Meine Mutter war im Krankenhaus, ich war ruhig. Und wir haben Kleider der deutschen Luftwaffe bekommen: ein Kostüm, eine Bluse, Schuhe mit Holzsohlen und Betten mit kariertem Bettzeug, und jeder hat ein eigenes Bett gehabt, wir waren acht in einem Zimmer.«

Hanni fragte sich schon in den Tagen kurz vor der Kapitulation Deutschlands, was mit den übrigen Frauen geschehen war, die es nicht auf das rettende Feuerschiff geschafft hatten. Das Schiff war halb verbrannt in eine

Bucht bei Waabs in der Nähe von Eckernförde getrieben. Die Bucht gehörte zum Gut von Oskar Friedrich Wilhelm Graf von Kirsten Moltke. Hanni, die selbst nicht dabei war, berichtete vom außerordentlichen Mut des Grafen: Er ließ die halbtoten Überlebenden mit einem Wagen ins Krankenhaus transportieren.

So glücklich sie über ihre Rettung war, so sehr beschäftigte sie, dass einige ihrer Mitgefangenen an Deck des ausgebrannten Schiffes ohne Hilfe geblieben waren. Deshalb beschrieb Hanni Krispin mit größtem Respekt die Heldentat des Grafen: »Wie wir nachher erfahren haben, ist Herr Graf Moltke mit einem Revolver ins Krankenhaus gegangen, im Krankenhaus in Eckernförde wollte man die Flüchtlinge nicht aufnehmen. Und Moltke hat denen dann gesagt: ›Was wollt ihr, der Krieg ist zu Ende! Es ist höchste Zeit, dass ihr etwas tut! Sonst schieße ich‹ – oder ich weiß nicht was.«

1979 machte sich Hanni Krispin noch einmal auf den Weg an die deutsche Ostseeküste. Mit ihrem Mann zusammen fuhr sie nach Waabs und besuchte Graf Moltke. Der Besuch gehört zu ihren liebsten Erinnerungen: »Der Tisch war gedeckt mit dem schönsten Silber, mit allem, was überhaupt nur sein kann. Und Graf Moltke kommt mit dem Stock rein und freut sich, uns zu sehen. Und ich sage ihm sofort: ›Graf Moltke, ich war nicht bei Ihnen. Ich habe zur anderen Gruppe gehört.‹ Aber trotzdem: Wir haben das Schild Eckernförde [gesehen]. Irgendwie ist es mir im Bewusstsein gewesen, da sind wir hergekommen.«

Oskar Friedrich Wilhelm Graf von Kirsten Moltke holte ein Transistorradio und spielte den israelischen

Grand Prix-Schlager »Halleluja« ab. Das klingt kitschig, sagte sie – und fügte hinzu: »Aber es war so.« 1980 starb der Graf. Für Frau Krispin, die 88-Jährige aus Tel Aviv, war er ein Held. Drei Jahrzehnte kämpfte sie dafür, dass Moltke in der Schoah-Gedenkstätte Jad Vashem in Jerusalem als »Gerechter unter den Völkern« geehrt wird – bislang ohne Erfolg.

Auch diese grausame, zugleich tragische und dramatische Geschichte von Hanni Krispin ist die Geschichte einer Jeckin, einer deutschen Jüdin in Israel. Lange hat sie nach all den bitteren Erfahrungen nicht Deutsch gesprochen. Dafür beherrschte sie die englische Sprache – neben der hebräischen – perfekt. In den letzten Jahren ihres Lebens aber ist sie zum Deutschen, zur Sprache ihrer Eltern, zurückgekehrt. Es war zu spüren, dass sie gern deutsch spricht. In den Gesprächen mit ihr war die Melancholie nie ganz zu vertreiben. Die Erinnerung und auch die Mühen des Alters lasteten auf ihr.

Eine ähnliche, nicht zu vertreibende Traurigkeit empfinde ich bei den Begegnungen mit Walter Nussbaum, der 1924 in Wanne-Eickel im Ruhrgebiet geboren wurde. Das ist so, obwohl es in unseren Gesprächen stets um Sport und leichte Unterhaltung geht: um Fußball. Heute lebt Walter Nussbaum in Ramat Gan bei Tel Aviv. Dass er aus dem Ruhrpott kommt, ist ihm am typischen Tonfall der Region anzumerken. Als Herr Nussbaum hörte, dass der deutsche Fußballclub Schalke 04 erstmals nach Israel kommt, hatte er nur noch einen Gedanken: »Das muss ich sehen. Ich will das noch einmal sehen!« Am 2. November 2010 sah Walter Nussbaum zum ersten Mal seit

74 Jahren seinen Club wieder: im Champions-League-Spiel gegen Hapo'el Tel Aviv. Der 87-Jährige, heute Chef eines großen Reisebüros in Israel, erinnerte sich an früher. Auch an die vier Tage, die er nach der Reichsprogromnacht von 1938 im Gefängnis saß, weil er ein Jude war. 14 Jahre war er damals alt. »Nachdem meine Mutter mich abgeholt hat«, blickt Walter Nussbaum zurück, »habe ich eine Ohrfeige von einem deutschen Polizisten dort bekommen. Warum, weiß ich bis heute nicht. ›Hier hast du etwas von mir, du Kleiner.‹ Und so bin ich gegangen.«

Die Ohrfeige des deutschen Polizisten war ein Schock für Walter Nussbaum. Er war doch ein deutscher Junge, sein Vater hatte ein Schuhgeschäft in Wanne, gegenüber der Kirche, auf der Hindenburgstraße. Walter und seine Familie flohen. Die Odyssee führte über die Niederlande, England und Kanada schließlich 1948 nach Israel. Seine Schwester Senta wurde 1942 im Konzentrationslager Auschwitz ermordet. Trotz allem denkt er mit Begeisterung an die Jahre 1933 bis 36 zurück, als er Schalke in der Glückauf-Kampfbahn in Gelsenkirchen anfeuerte: »Von Wanne-Eickel konnte man zum Schalke-Platz gehen, 30, 40 Minuten, aber damals war ich noch jung und konnte gehen, ja, ich bin schnell gegangen, da gab es eine Straße, Wilhelmstraße: die geradeaus, kam ich zum Fußballplatz.« Um nicht aufzufallen, hob Walter im Stadion die Hand zum Hitlergruß.

Der Schalker »Kreisel«, das Passspiel von Kuzorra, Szepan und Co, begeisterte ihn. Als Schalke 1934 in einem dramatischen Spiel den 1. FC Nürnberg mit 2:1 besiegte und deutscher Meister wurde, war er selig. Den Liedtext der Schalke-Hymne von damals kann er bis heute auswendig. Er rezitiert sie mit Genuss: »Eine Ecke fiel. Rothards Schuss mit Ziel. Fritz köpfte ein, und da war es klar, dass in diesem Jahr nach Schalke fiel die allerhöchste Ehr. Trotz Nürnbergs Gegenwehr zeigen die Knappen hier: Schalke 04! Und mit festem Schuss macht der Ernst den Schluss. Das war zu viel. Jubel brach los. Begeisterung war groß nach schwerem Spiel. Schalke, du hast's erreicht und hast mit Mut gezeigt, dass du der Beste bist: Schalke 04.«

»Herzklopfen!«, sagt Walter Nussbaum, als Schalke vor das Tor von Hapo'el Tel Aviv stürmt – 74 Jahre später, nun im Bloomfield-Stadion von Tel Aviv. Sein Kopf spricht eine andere Sprache als sein Herz. »Ich bin für Hapo'el«, sagt er. Das Spiel endet 0:0, und Walter Nussbaum ist zufrieden. Begeistert wie ein Kind – bekanntlich werden erwachsene Männer beim Fußball wieder zu Kindern – sagt er nach dem Spiel: »Ich hoffe, noch einmal Schalke 04 zu sehen, durch einen Glücksfall nur, ja, wenn noch mal eine israelische Mannschaft ins Finale kommt, und das zusammen mit Schalke 04, kaum zu glauben – aber das kann vorkommen!« Und dann geschieht das Unglaubliche: Ein Jahr nach dem ersten Auftritt der Mannschaft in Israel, ein Jahr nach dem Wiedersehen, kommt Schalke schon wieder nach Israel. Im Dezember 2011 spielen die »Knappen« gegen Maccabi Haifa. Die Beine sind ein bisschen müde geworden. Er bleibt zu Hause, meidet die weite Reise nach Haifa. Gegen den Willen seiner Frau guckt er sich dieses Schalke-Spiel – wie jedes Spiel seines Vereins, das in Israel zu empfangen ist – im Fernsehen an.

Es hat lange gedauert, bis die Vereinsführung von Schalke auf ihn aufmerksam wurde. Er schrieb Briefe, gratulierte, niemand reagierte. Erst seit dem Champions-League-Spiel im November 2010 ist Nussbaum immer wieder per E-Mail in Kontakt mit Thomas Spiegel, dem Pressesprecher: »Ich kongratuliere ihm, wenn Schalke mal gewinnt, ja, und sage sorry, wenn sie verloren haben.«

Walter Nussbaum liebt Schalke 04 noch immer. Aber es ist eine gebrochene, eine traurige Liebe. Man kann nichts machen, sagt er. Was passiert ist, ist passiert. Seine Schwester wurde von Deutschen ermordet. – Er erinnert sich an die Zeit in Kanada, während des Zweiten Weltkriegs. »Wenn wir uns unterhalten haben über kanadischen Fußball und israelischen Fußball, dann haben die immer gesagt: ›Du bist ja von Schalke, du bist ja von Gelsenkirchen.‹ – Dann habe ich gesagt: ›Nein, ich bin nicht von Gelsenkirchen, ich bin von Wanne-Eickel‹«, erzählt er lachend. Walter Nussbaum gehört zur älteren Generation der Jeckes im Lande. Ins Stadion zu Schalke nahm er die nächsten beiden Generationen gleich mit: seinen Sohn und einen Enkel. Manchmal melde ich mich bei ihm und freue mich insgeheim, wenn er mir antwortet – meistens per E-Mail – und damit zeigt, dass er wohlauf ist.

Aber die Sorge um das Aussterben der Jeckes ist unnötig. Einer der bekanntesten Jeckes, der Journalist und Schriftsteller Tom Segev, schrieb im Sommer 2011 in der Zeitung »Ha'aretz«, entgegen allen Erwartungen verschwänden die Jeckes nicht. Im Gegenteil – ihre Zahl nehme zu und ihr Durchschnittsalter sinke. Damit spielt Segev nicht nur auf den Gebrauch des Wortes »Jecke« an.

Es steht heute für Akkuratesse, Ordnung, Pünktlichkeit und Sauberkeit. So kann es sogar vorkommen, dass sich eine arabische Putzfrau als »jeckisch« bezeichnet – weil sie ihre Arbeit besonders genau nimmt. Aber auch die Nachfahren der Jeckes nehmen ihre deutsche Tradition mittlerweile als Auszeichnung an. Ein »Jecke« ist nichts Lächerliches mehr, vielmehr einer, der sich zu seiner deutschen Herkunft bekennt. Sie steht für eine aufgeklärte Gesinnung, hohe Kultur und politische Werte. Tom Segev konstatiert eine »großartige Ironie« der Geschichte: Heute erwarten viele, nicht nur die Jeckes selbst, von der deutschen Teil-Identität Israels die Bewahrung dieser guten Traditionen in Staat und Gesellschaft. Kurz: Die Jeckes leben weiter.

Begegnungen mit Göring und Wagner

Die Jeckes leben weiter in ihren Nachfahren – und genauso die, die sie einst aus Deutschland vertrieben. Die aktiven Nationalsozialisten, Parteimitglieder und Mitläufer sterben aus, aber ihr Geist existiert in den Nachfahren fort – und sei es als Ungeist, den es zu überwinden gilt. Eine Nachfahrin müht sich ganz besonders, aus dem Schatten eines verwandten Nazis zu treten. Im Zuge ihrer Bemühungen kam sie im November 2008 nach Israel und besuchte das – weniger berühmte – Filmfestival von Aschkelon. Wegen des besonderen Gastes aus den USA machte das Festival in diesem Jahr mehr als sonst von sich reden: Bettina Göring. Die israelische Zeitung »Jedioth Achronoth« brachte ein doppelseitiges Porträt der Frau, die mit einem der führenden Nazis des »Dritten Reiches« eng verwandt ist.

Sie sieht tatsächlich aus wie eine Göring. Die blauen Augen, der gerade Nasenrücken, ja selbst Mund und Wangen erinnern frappierend an den Generalfeldmarschall, Nationalsozialisten und Kriegsverbrecher Hermann Göring. Dabei ist sie nicht seine Tochter, sondern die Großnichte. Die Organisatoren des Filmfestivals im israelischen Aschkelon empfingen sie dennoch mit offenen Armen. Bettina Göring nannte die Offenheit der Gastgeber eine »Offenbarung«. Von sich aus wäre sie niemals nach Israel geflogen »von dem ganzen Trauma her, das ich da mitbringe«. »Ich konnte mir nicht vorstellen«, sagt die Großnichte Görings, »dass die Israelis mich unbedingt hier haben wollten. Aber die sind so. Die haben mich ja eingeladen nach diesem Film, die haben uns bezahlt, den Flug und alles – das ist der Wahnsinn.«

»Bloodlines« heißt der Film, in dem Bettina Göring auftritt – »Stammbäume« zu Deutsch. »Bloodlines« handelt von den Spuren der Schoah im Leben von zwei Frauen, der Täter-Großnichte Göring und der Opfer-Nachfahrin Ruth Rich, einer australischen Jüdin. Die Dokumentarfilmerin Cynthia Connop hat den Dialog der beiden drei Wochen lang beobachtet. Bettina Göring kam mit der ganzen Last ihrer Familiengeschichte: »Meine Großmutter, die war eine Super-Faschistin. Also, bis zum Ende. Die hat immer gesagt: Das gab's nicht. Der Holocaust, der hat nicht stattgefunden.« Eigentlich hat Bettina Göring mit dem Holocaust nichts zu tun. Sie wurde 1956 geboren, elf Jahre nach dem Ende der Hitler-Diktatur. Aber wer mit dem Namen »Göring« geboren wird, kommt um die Vergangenheit nicht herum. Großonkel Hermann gab den Mord am europäischen Judentum in Auftrag, war für Konzentrationslager und die Geheime Staatspolizei verantwortlich. Der Generalfeldmarschall hatte engen Kontakt zu Bettinas Vater Heinz Göring. Hermann Göring war Heinz Görings Patenonkel.

Mit 13 riss Bettina Göring von zu Hause aus und floh zu ihrem Großvater mütterlicherseits, der als Christ Widerstand gegen Hitler geleistet hatte. Es war auch eine Flucht vor der Familiengeschichte des Vaters. »Ich hab alles Mögliche versucht. Erst einmal habe ich eine kurze Zeit mit meinem Opa gewohnt, dem christlichen, dann habe ich mal so eine christliche Phase gehabt, das war also die 68er Zeit. Danach gleich Hippie, Kommunist.« Sie habe »alles versucht«, sagt Bettina Göring – und fährt lachend fort: »aber dann immer super stark«. Kommunistin sei sie mindestens drei Jahre lang gewesen.

Für die Dreharbeiten zu dem Film »Bloodlines« reiste Bettina Göring nach Australien. Ruth Rich und sie begegneten sich zum ersten Mal. Rich erwartete sie am Flughafen mit einem Blumenstrauß. »Es ging dann schon ziemlich schnell los«, erinnert sich die Großnichte des Nazis, »direkt und tough«. Und sie hat dann auch nach kurzer Zeit angefangen zu attackieren, das ging ziemlich schnell – so: Deine Familie hat meine Familie umgebracht, so Dinge.« Drei Wochen lang begegneten sich die beiden Frauen täglich. »Bis ich genug hatte.« Was dann kam, ist in dem Film »Bloodlines« zu sehen: ein Prozess, der »sehr heavy« war, wie Bettina Göring sagt. Ihr Gegenüber, Ruth Rich, wurde zwei Jahre nach dem Ende der Schoah geboren. Der Bruder und die aus Polen stammenden Großeltern wurden in deutschen Konzentrationslagern ermordet. Voller Zorn wirft Ruth ihrer Gesprächspartnerin in dem Film an den Kopf: »Göring hat alles vernichtet, Hitler hat alles vernichtet, sogar dein Volk! Und mein Volk. Er hat Generationen zerstört! Niemand hat sie davor geschützt oder irgendetwas getan. Nichts.« Auf dem dramatischen Höhepunkt des Dialogs schiebt sich Bettina Göring das Foto ihres Großonkels Hermann unters Hemd. Sie identifiziert sich mit dem

Teufel – und bekennt sich dazu: »Er ist ein Teil von mir. Es gibt Anteile in mir, die in der Lage sind, so etwas zu tun. Alles. Ich habe mich nur entschieden, es nicht zu tun.«

Seit diesem – auch für jeden Zuschauer packenden – Moment hat Bettina Göring das Gefühl, die Last der Vergangenheit los zu sein. Für Augenblicke sei sie in Hermann Görings Psyche geschlüpft – dabei sei sie seinen Geist losgeworden und habe danach so etwas wie Heilung gespürt. »Das war natürlich schwierig. Ich bin wirklich da rein, in diese tiefste … Es gibt diesen Moment, wo ich wirklich richtiggehend reingehe in diese Psyche von meinem Onkel. Und das war das Ende für mich. Als ich das gemacht habe, war's vorbei.«

Beim Filmfestival in Aschkelon warf ihr eine Zuschauerin nach dem Film vor, sie habe ihre jüdische Partnerin, Ruth Rich, missbraucht, um sich zu therapieren. Bettina Göring weist das zurück. Das Gespräch mit Ruth habe beiden geholfen, sagt sie. Beide Frauen hätten vor den Dreharbeiten eine Reihe von Therapien hinter sich gebracht. »Uns zusammenzusetzen und uns auseinanderzusetzen hat uns beiden unheimlich geholfen, weil es viel leichter ist, über einen Feind zu reden, wenn der nicht dabei ist. Das war eine tolle Begegnung, auch für uns beide.«

Nicht nur die Dialoge mit Ruth Rich, auch die vielen Begegnungen mit Israelis nennt Bettina Göring »beglückend«. Viele Menschen aus dem Publikum seien nach der Vorführung des Films zu ihr gekommen und hätten sich bedankt. Die Großnichte Görings hat das Gefühl, sie habe so etwas wie einen Reinigungsprozess durchlaufen. Sie habe bei ihrem Besuch in der Holocaust-Gedenkstätte Jad Vashem in Jerusalem gemerkt, dass sich bei ihr »grundlegend etwas geändert« habe. Der Dialog mit einer Jüdin hat sie innerlich befreit – und der Besuch bei den Israelis: »Die sind so gastfreundlich, aber auch so herzlich – und haben genau denselben Wunsch zu heilen wie wir.« Nach dem Festival flog sie geheilt zurück, nicht nach Deutschland, sondern in den US-Bundesstaat New Mexico. Fernab von der ungeliebten Heimat Wiesbaden hat sie dort ihr Zuhause gefunden. In Santa Fe betreibt Bettina Göring eine Praxis für »fernöstliche Medizin« und heilt Menschen. Sie hat sich als junge Frau sterilisieren lassen, um keine weiteren Görings in die Welt zu setzen. Sie hat sich mit ihrer Vergangenheit intensiv auseinandergesetzt – über ihre Psychotherapien und über den Film »Bloodlines« hinaus. Die große Mehrheit der Israelis honoriert ein solches Verhalten – durch Offenheit.

Wie aber sollen sie mit dem Erbe eines deutschen Antisemiten umgehen, dessen Ruhm in Deutschland bis heute ungebrochen zu sein scheint und dessen Nachfahren sich nicht in vergleichbarer Weise von der Geschichte umtreiben lassen? Anders gesagt: Wie halten sie es mit Richard Wagner und seinen Werken? Können die »Meistersinger« oder gar der ganze »Ring«, diese musikalischen Denkmale des Germanentums, in Israel aufgeführt werden? Die Diskussion flackert in Israel regelmäßig auf, mindestens einmal im Jahr heftig. Anlässe gibt es immer wieder.

Mit besonderer Autorität beteiligt sich jedes Mal wieder der schon erwähnte Noach Klieger, der die Folgen der nationalsozialistischen Rassentheorie durchlitten hat, an der Debatte. Er will nicht, dass Richard Wagners Musik in Israel gespielt wird, weil für ihn dieser Mann zu den Urhebern der Rassentheorie gehört, die die Deutschen unter Hitler in die Tat umgesetzt haben. Er sieht in Wagner einen der ideologischen Väter des Judenhasses und der Überhöhung einer vermeintlich überlegenen deutschen Rasse. Deshalb kämpft Klieger, auch als alter Mann noch fest angestellter Redakteur bei der israelischen Zeitung Jedioth Achronoth, gegen Wagner-Aufführungen in Israel. Ebenso kritisch sah er im Sommer 2011 den Auftritt des Israelischen Kammerorchesters aus Tel Aviv in Bayreuth. Chefdirigent Roberto Paternostro führte in Bayreuth auch Wagners »Siegfried-Idyll« auf – ein Tabubruch. Noach Klieger erkannte in dem Konzert eine Werbeaktion der Bayreuther Festival-Chefin Katharina Wagner und des israelischen Chefdirigenten Paternostro: »Der Mann hat sich eingeladen. Der hat mit Katharina Wagner gesprochen und gesagt: Ich bin bereit, ein israelische Orchester nach Bayreuth zu bringen. Die hat natürlich sofort eingewilligt, was ganz klar ist. Das ist ja für sie eine phantastische PR-Geschichte.«

Richard Wagners Musik ist in den Konzertsälen Israels immer noch tabu. Aber es gibt liberale Gegenströmungen. Der Rechtsanwalt Jonathan Livny gründete im Herbst 2010 in Jerusalem sogar eine Wagner-Gesellschaft und berief sich dabei auf seinen deutsch-jüdischen Vater, der ebenfalls ein Anhänger der Musik Wagners war. Livny trennt wie sein Vater zwischen der Person und dem Werk Wagners: »Mein Vater war ein Teil der deutschen Kultur. Er ist hierher gekommen als Flüchtling. Ich gehe zurück nach Bayreuth als jemand, der zurückkommt als Jude aus Israel, um Wagner zu hören. Wir haben gewonnen, niemand kann uns wieder zerstören.«

Livny bestreitet nicht, dass Richard Wagner antisemitische Positionen, ja eine antisemitische Weltanschauung vertrat. Er weiß, dass die Nationalsozialisten Wagners Musik für ihre rassistische Propaganda benutzten, sie sogar in den Konzentrationslagern abspielten. Dennoch, meint Livny, sei Wagner ein musikalisches Genie gewesen. »Ich glaube, wenn wir Politik und Antisemitismus von der Musik trennen können, müssen wir es tun. Die Musik lebt weiter, der Mensch ist nicht wichtig. Seine Musik ist wichtig«, meint der frühere Militär-Staatsanwalt in den besetzten Gebieten.

Mit der Absage der Universität Tel Aviv sieht er das Grundrecht auf die Freiheit der Kultur in Israel in Gefahr. Er argumentiert so: »Wir benutzen deutsche U-Boote, unsere Züge wurden in Deutschland hergestellt. Der einzige übriggebliebene Boykott ist der gegen Wagner. Das ist zum Symbol geworden. Und ich denke, wir müssen dieses Symbol auch zur Ruhe bringen.«

Zwischen dem Wagner-Fan Livny und dem Wagner-Boykotteur Klieger steht ein junger israelischer Dirigent: Noam Zur. Mit Rücksicht auf alle, die Wagner nicht ertragen können, plädiert Zur dafür, in Abonnementkonzerten auf den umstrittenen Komponisten zu verzichten. Wagner-Sonderkonzerte aber müssten erlaubt sein, findet er: »Warum soll ich mir nicht einen Liederzyklus von Wagner in einem Konzertsaal in Tel Aviv anhören, wo niemand dazu gezwungen wird, hinzugehen? Und jeder, der hingeht, weiß, was er kriegt.«

Noam Zur, Anfang 30, dirigiert in Deutschland und Israel. Auch Wagner-Werke hat er schon aufgeführt, zum Beispiel in Essen die Opern Tannhäuser und Rheingold. Den Auftritt des Israelischen Kammerorchesters in Bayreuth verteidigte Zur wie selbstverständlich, zumal die Proben für das Wagner-Stück nicht in Israel, sondern in Deutschland stattfanden.

Wagners Antisemitismus ist für Noam Zur kein Grund, dessen Werke nicht aufzuführen. Antisemitische Tendenzen gebe es auch bei Beethoven, Chopin und Shakespeare. Und deren Werke sind in Israel erlaubt. Für den jungen Dirigenten gilt in der Musik nur ein Kriterium: »Wenn's gut gespielt ist, bin ich dafür. Wenn's schlecht gespielt ist, bin ich dagegen.«

Das Konzert des Israelischen Kammerorchesters geriet in Bayreuth zu einem vollen Erfolg. Vielleicht auch dadurch ermutigt plante Jonathan Livny ein Jahr später – für den Juni 2012 – ein großes Wagner-Konzert in Tel Aviv. Es sollte das erste Wagner-Konzert in Israel seit Bestehen des Staates, ja, seit 1938 werden. Livny hatte für das Konzert ein Orchester aus 100 israelischen Musikern unter der Leitung des israelischen Dirigenten Asher Fisch zusammengestellt. Er wollte gegen ein Tabu verstoßen. Denn in Israel gilt seit der Staatsgründung faktisch ein Verbot für öffentliche Aufführungen von Werken Wagners. Das Verbot war schon seit 1938 unter der jüdischen

Bevölkerung in Palästina in Kraft. Konzerte mit einzelnen Werken Wagners hatte es mehrfach gegeben, nie aber einen ganzen Abend mit Wagner-Stücken.

Als Aufführungsort wählte Livny das Smolarz-Auditorium der Universität Tel Aviv. Er sagt, die Universität habe gewusst, dass seine Gesellschaft ein Wagner-Symposion abhalten wollte – und einen Konzertabend, ausschließlich mit Werken von Richard Wagner. Plötzlich aber erklärte ein Sprecher der Universität, Livny habe verschleiert, dass es sich um ein Wagner-Konzert handle. Deshalb sagte die Führung der Universität das Konzert ab.

Zuvor hatte es Proteste bei der Hochschule gegeben. Holocaust-Überlebende hatten sich beschwert, das Konzert wäre eine »tiefe Beleidigung der israelischen Öffentlichkeit« und insbesondere der 200 000 Schoah-Überlebenden, die bis heute in Israel leben. Livny hielt dagegen, Israel müsse nicht warten, bis das letzte Opfer des Holocaust gestorben sei. Denn danach werde man andere Gründe gegen Wagner-Aufführungen finden – nämlich »dass auch die zweite und dritte Generation Gefühle habe, weil ihre Eltern Gefühle hatten«. Livnys Forderung: »Man muss diesen Boykott beenden.«

Aber er scheiterte schließlich mit seinem Versuch, ein erstes großes Wagner-Konzert in Israel zu veranstalten. Seine Richard-Wagner-Gesellschaft fand keinen Veranstaltungsort in Tel Aviv. Nach der Universität Tel Aviv weigerte sich auch das Hilton-Hotel, einen Konzertsaal zur Verfügung zu stellen.

Späte Rente – das Warten der Ghetto-Arbeiter

Während Wagners Musik bei vielen Überlebenden bis heute seelische Schmerzen verursacht, leiden andere zu Beginn des 21. Jahrhunderts auch materiell an den Folgen der Schoah. Eine von ihnen, Bronja Izak, wohnt in einer Stadt aus Plattenbauten, aus anonymen Betonquadern, in Kirjat Jam. Die Ortschaft liegt zehn Kilometer nördlich von Haifa am Mittelmeer. Sie könnte sich auch irgendwo in Osteuropa befinden, in Litauen, in der Ukraine oder in Rumänien. Bronja Izak, 84 Jahre alt, hat den Rollator losgelassen und mit Mühe auf dem Cordsofa Platz genommen. Sie hat kurze rote Haare, trägt eine dunkelblaue Trainingsjacke. Es ist ein kalter, regnerischer Tag. Bronja sieht zum ersten Mal seit 66 Jahren einen Deutschen, und – wie später zu erfahren ist – sie fragt sich in diesem Moment, »ob sie das überlebt«. Frau Izak zieht ein braunstichiges Familienfoto aus den 30er Jahren aus einem schwarzen Plastiktäschchen, zeigt auf ihre Mutter und ihren Bruder. Die Eltern und drei Geschwister wurden von den Deutschen während der Schoah ermordet, Bronja überlebte das Ghetto. Mit ihr überlebten zwei Brüder, die inzwischen beide gestorben sind. »Jetzt bin ich geblieben allein«, sagt sie auf Jiddisch, »einer allein.«

Bronja Izak wünscht sich nichts sehnlicher als einen Menschen, der sie besucht. Eine Pflegerin, die Zeit hat, mit ihr spazieren zu gehen. Dreimal in der Woche kommt für jeweils zwei Stunden eine Frau, die für sie einkauft und kocht. Sie wird vom Staat bezahlt. Aber Frau Izak will nicht nur versorgt werden. Sie will leben. Sie braucht einen Pfleger. Ohne die Zusatzrente kann sie sich keine Hilfe leisten. Die 400 Euro Mindestrente vom Staat Israel und die 290 Euro Rente für Überlebende des Holocaust reichen nur für Miete, Essen und Kleidung.

Zweieinhalb Jahre hat Bronja Izak im jüdischen Ghetto Schaulai in Litauen gearbeitet, in den Jahren 1941 bis 1943, bevor sie ins Konzentrationslager Stutthof deportiert wurde. Sie erinnert sich: »Ich habe Kartoffeln ausgelesen, im Torf gearbeitet, wohin man mich schickte. Jeden Tag was anderes. Schnee habe ich geräumt, all das habe ich gemacht.«

Es war keine Zwangsarbeit, sondern aus der Sicht der heutigen deutschen Behörden »freiwillige Arbeit«, gegen Entgelt, in einem vom Deutschen Reich besetzten Land. Für diese Arbeit hat Bronja Izak einen Rentenanspruch, auch wenn sie als Jüdin damals natürlich in keine Rentenkasse einzahlen durfte. Nach dem deutschen »Gesetz zur Zahlbarmachung von Renten aus Beschäftigungen in einem Ghetto« aus dem Jahr 2002 beantragte sie Anfang 2010 ihre Rente. Zuständig für Anträge aus Israel ist die Deutsche Rentenversicherung im Rheinland.

Aber Bronja, die 1973 aus Litauen nach Israel einwanderte, wartete lange auf ihre Rente. – Im Januar 2011 meldete der »Spiegel«, immer noch warteten 50 000 Überlebende auf ihre Ghetto-Rente, 9 000 Vorgänge seien immer noch nicht bearbeitet. Die Deutsche Rentenversicherung dementierte sofort. Ihr Direktor Axel Reimann verwahrte sich gegen den Vorwurf einer »bürokratischen Verschleppungstaktik«. Auch Andreas Storm, Staatssekretär im Bundesarbeitsministerium, hielt dagegen: »Die Behauptung, es seien Fälle nicht bearbeitet worden, ist definitiv falsch. Die Rentenversicherungsträger haben hier in den vergangenen Monaten wirklich in sehr beachtlicher Weise gearbeitet.« Es handle sich um »hochbetagte Menschen«, sagte Storm, »so dass wir wirklich alles unternehmen müssen, damit sie wirklich so schnell wie möglich die Leistungen bekommen können«. Insgesamt haben nach Storms Angaben 57 000 Holocaust-Überlebende die Ghetto-Rente beantragt. Fast die Hälfte der Anträge, nämlich 26 000, kamen aus Israel. Anfang 2011 waren 20 000 dieser Fälle »abgeschlossen«. 10 000 ehemalige Ghetto-Arbeiter, die heute in Israel wohnen, erhielten bereits ihre Rente. 6000 Anträge waren zu diesem Zeitpunkt allein in Israel noch ohne Antwort von der Deutschen Rentenversicherung.

Die Langsamkeit der deutschen Rentenbürokratie gefiel auch der israelischen Regierung nicht. Aber nach außen hin gibt sich Israel zufrieden. Aharon Mor, zuständiger Regierungsdirektor im Büro von Ministerpräsident Netanjahu, findet freundliche Worte. Er liest sie ab. »Wir stehen mit unseren deutschen Partnern in einem engen Dialog. Ich glaube, dass die deutsche Regierung in dieser Hinsicht sehr hilfreich ist, und wir hoffen, unsere Arbeit mit der Bundesregierung in dieser wichtigen Frage fortzusetzen.« Nach Mors Worten arbeiten die Regierungen in Berlin und Jerusalem gemeinsam mit den Rentenversicherungen beider Länder daran, die Anträge der Schoah-Überlebenden schneller zu bearbeiten. Es gebe ein »gemeinsames Steuerungskomitee«, sagt der Regierungsdirektor. Vizeminister Andreas Storm auf der anderen Seite sei »sehr kommunikativ, sehr aktiv«. Mor strahlt volle Zufriedenheit aus: »Unsere Sozialversicherung arbeitet gut mit der deutschen Sozialversicherung zusammen. Das wird immer schneller und effektiver, und es geht gut voran. Gleichzeitig wollen wir aber auch, dass dieses ganze Projekt so schnell wie möglich abgeschlossen wird, weil die Ghetto-Arbeiter uns schon fast unter den Händen wegsterben, in sehr schneller Folge.«

Die deutsche Bürokratie war nicht von Anfang so willig. In den ersten Jahren nach dem Erlass des Ghetto-Renten-Gesetzes von 2002 erhielten 90 Prozent der Antragsteller negative Bescheide. Die Deutsche Rentenversicherung verlangte Belege über die geleistete Arbeit – Belege, die fast kein Mensch erbringen kann, der die Wirren des Weltkriegs – noch dazu im Ghetto – überlebt hat. Zudem sollten nach dem Willen der Behörde nur Ghetto-Arbeiter eine Rente bekommen, die mehr als 16 Jahre alt waren. Dabei gehörte Kinderarbeit in den Ghettos zum Alltag. Noach Flug, Vorsitzender des Dachverbandes für Organisationen der Holocaust-Überlebenden, geboren im polnischen Lodz, erinnerte sich an das Verhalten der deutschen Rentenbehörden – in einem Interview, das ein halbes Jahr vor seinem Tod stattfand: »Es war ein gewisser Unwillen [der deutschen Rentenbehörden] – jedenfalls wurde so argumentiert: Du hast ein ganzes Leben bezahlt, und dann bekommst du eine Rente. Aber die Leute, die in den Ghettos waren, konnten nicht bezahlen. Und auch die Betriebe haben ihren Anteil nicht bezahlt. Weil das die Nürnberger Gesetze waren, dass die Juden weniger waren als Untermenschen.«

Erst im Jahr 2009, nach einer Welle von Widersprüchen und Klagen, kam die Wende. Nach einem Urteil des Bundessozialgerichts muss das Gesetz nun liberaler ausgelegt werden. Es habe da einen Richter namens von Renesse gegeben, sagte Flug voller Hochachtung in der Stimme, der sei ein paar Mal nach Israel gekommen und habe »zig ehemalige Ghetto-Insassen verhört«. Danach habe das Gericht beschlossen, auch denen, die zwölf Jahre alt waren, wie auch denen, die in Naturalien bezahlt worden seien, eine Rente zu zahlen. Von Renesses Urteil brachte die Wende: »Und wirklich – nach dem Urteil hat sich die Lage geändert.«

»Es geht jetzt viel, viel schneller und positiver als vorher, und ich glaube, dass wirklich in der nächsten Zeit alle Anträge bearbeitet werden«, pries Flug den plötzlichen Wandel bei der Bearbeitung der Anträge. Für die Überlebenden sei das sehr wichtig, denn »die Mehrheit ist sehr alt, oft krank, und bei uns sagt man, dass man in den letzten drei Lebensjahren mehr Medikamente als im ganzen Leben braucht.«

Doch auch nach dem Urteil des Bundessozialgerichts blieb der Rentenantrag für viele Überlebende eine langwierige Angelegenheit. Zum Beispiel für Bronja Izak. Sie zieht ihren rechten Strumpf aus. Zum Vorschein kommt ein verkrüppelter Fuß – die Folge von Erfrierungen, die sie im KZ Stutthof erlitten hat. Frau Izak braucht endlich einen Begleiter, der mit ihr spazieren geht, den sie von der Ghetto-Rente bezahlen kann. Aber der Weg dahin ist lang. Im August 2010 erhielt sie einen Brief von der Deutschen Rentenversicherung im Rheinland. Es fehlten nur noch eine »Lebensbescheinigung« und die sogenannte »Zahlungserklärung«. Dann könne die Rente ausgezahlt werden. Frau Izak schrieb am 23. November 2010 zurück nach Düsseldorf: »Sehr geehrte Damen und Herren, verzeihen Sie die Störung, aber ich habe an Sie meine Vordrucke im Juli 2010 geschickt und keine Nachricht bekommen. Ich habe Ihnen auch meine aktuelle Lebensbescheinigung geschickt. Ich warte mit Ungeduld auf positive Entscheidung meiner Angelegenheit. Ich danke im Voraus.«

Zwei Wochen später landete ein Schreiben der deutschen Renten-Bürokraten im Briefkasten von Frau Izak, im Plattenbauviertel von Kirjat Jam. Es ist datiert auf den 30. November 2010. Darin heißt es: »Kommt derjenige, der eine Sozialleistung beantragt oder erhält, seinen Mitwirkungspflichten nicht nach und wird hierdurch die Aufklärung des Sachverhalts erheblich erschwert, kann der Leistungsträger ohne weitere Ermittlungen die Leistung bis zur Nachholung der Mitwirkung ganz oder teilweise versagen oder entziehen, soweit die Voraussetzungen der Leistung nicht nachgewiesen sind (§66 SGB I). Mit Schreiben vom 17. 8. 2010 haben wir Sie gebeten, die folgenden Unterlagen vollständig ausgefüllt und gegebenenfalls bestätigt bei uns einzureichen:

Lebensbescheinigung
Zahlungserklärung

Dieser Bitte sind Sie bisher nicht nachgekommen. Daher können wir nicht prüfen, ob Sie Anspruch auf eine Regelaltersrente unter Berücksichtigung von Beitragszeiten nach Maßgabe des Gesetzes zur Zahlbarmachung von Renten aus Beschäftigungen in einem Ghetto (ZRBG) haben.

Wir fordern Sie hiermit erneut auf, die fehlenden Unterlagen innerhalb eines Monats nach Erhalt dieses Schreibens vorzulegen. Sollten Sie Ihrer Verpflichtung innerhalb dieser Frist nicht nachkommen, werden wir die Leistung nach dem ZRBG bis zur Nachholung der Mitwirkung versagen. (…) Mit freundlichen Grüßen – Im Auftrag Riedel«

Ein zweites Mal schickte Bronja Izak den Nachweis nach Düsseldorf, dass sie immer noch lebt, dazu die »Zahlungserklärung« mit ihrer Kontonummer in Israel. Dazu schrieb sie am 13. Dezember 2010: »Sehr geehrte Damen und Herren, ich habe noch im Juli 2010 an Ihnen die Vordrucke Zahlungserklärung und Lebensbescheinigung geschickt. Jetzt, im Brief vom 30. 11. 2010, schreiben Sie, dass ich überhaupt keine Mitwirkung erfülle. Ich schicke nochmals diese Vordrucke und warte mit Ungeduld den Bescheid meiner Rente. Ich danke im Voraus für schnelle Entscheidung meiner Angelegenheiten. Mit freundlichen Grüßen – Izak Bronja«.

Am 20. Januar schrieb die Düsseldorfer Rentenbehörde zurück, es fehle immer noch eine »Zahlungserklärung«. Bronja Izak schickte das Papier zum dritten Mal nach Deutschland. – Jeder Briefwechsel bedeutet für sie eine große Anstrengung. Die »Lebensbescheinigung« musste sie mehrmals persönlich und mühevoll bei der Vertretung des israelischen Innenministeriums in Haifa besorgen. Und um die Sätze der deutschen Rentenbeamten zu verstehen, brauchte sie die Hilfe einer Freundin.

Wie schwer es für die Holocaust-Überlebenden ist, mit den Behörden in Deutschland zu korrespondieren, erklärt Gita Koifman, die Vorsitzende der Vereinigung von Ghetto-Überlebenden in Israel: »Im Blick auf die Bescheide muss man sagen, dass darin jede logische Erklärung fehlt. Wenn es da eine logische Erklärung gibt, dann in deutscher Sprache und auf vielen Blättern, so dass niemand das wirklich lesen und verstehen kann.«

Von Bronja Izaks langwierigem Briefwechsel mit der Deutschen Rentenversicherung zeigte sich selbst Staatssekretär Andreas Storm vom Bundesarbeitsministerium erschüttert: »Ein solcher Fall darf eigentlich nicht auftreten, deshalb würde ich Sie auch bitten, uns den Vorgang noch einmal zu geben.«

»Die Lebensbescheinigung« gehört nach Auffassung des Staatssekretärs »natürlich zu den Formalien, die erfüllt sein müssen«. Und er fährt fort: »Wenn Sie nun sagen, hier ist ein Fall, wo jemand bereits mehrfach die Unterlagen eingereicht hat und sie sind aus irgendwelchen Gründen nicht korrekt bearbeitet worden, dann muss man dem unverzüglich nachgehen. (…) Denn unser Interesse ist natürlich, dass die Dinge so einfach wie möglich und zur Zufriedenheit der Betroffenen – so gut es geht, wie irgendmöglich – abgearbeitet werden.«

Es gibt noch mehr »Betroffene«. Bronja Izak ist kein Einzelfall. Ein paar Häuserblöcke weiter landeinwärts wohnt Mila Kret – ebenfalls in diesem gesichtslosen Städtchen Kirjat Jam, das in andere gesichtslose Plattenbau-Städtchen übergeht. Sie sitzt in ihrem Wohnzimmer auf der Couch, als sei sie eben von der Holzbank in ihrem ukrainischen Dorf dorthin versetzt worden. Dabei lebt sie nun schon seit 20 Jahren in Israel. Ein cremefarbenes Kopftuch hat sie sich umgebunden, am Leib trägt sie eine Wolljacke und darüber eine Wolldecke.

Mila Kret ist heute 77 Jahre. 1945, am Ende der Nazi-Herrschaft, war sie erst zehn Jahre alt. Aber auch sie hat gearbeitet, in einem jüdischen Ghetto in der Nähe von Winnica in der Ukraine, am Bug. Milas Muttersprache ist Jiddisch. Für die Korrespondenz mit den deutschen Behörden braucht sie Hilfe. Ihre Freundin Paulina kann Deutsch.

»Mit der Mutter bin ich gegangen!«, ruft Mila Kret auf Jiddisch, und Paulina übersetzt: »Sie hat zusammen mit ihrer Mutter gearbeitet«. Mila: »Die Mama hat gewaschen, ich habe getan, was die Mutter mir gesagt hat. Ich war doch noch ein Kind. Sechs Jahre war ich.« – Paulina unterbricht: »Sie arbeitete zusammen mit ihrer Mutter, räumte, kehrte und wusch den Boden in der Kommandantur, oft arbeitete sie im Feld, sammelte Ähren und verschiedene Gemüse.«

Mila sagt, sie habe schon am 12. November 2009 den Antrag auf Ghetto-Rente gestellt und bis heute keine Antwort erhalten. Mehr als eine Eingangsbestätigung kam nicht. Nicht einmal einen Fragebogen schickte ihr

94

die deutsche Rentenbehörde. Kurz nach dem Tod ihres Mannes, im November 2010, erhielt sie einen Brief aus Deutschland. Darin hieß es, er bekomme rückwirkend 39 959 Euro Ghetto-Rente. Zumindest ein Teil dieses Geld steht Mila Kret jetzt als Witwenrente zu. Bislang ist kein Cent auf ihrem Konto eingegangen.

Wie Bronja Izak würde Mila Kret gern wieder einmal vor die Tür treten. Dazu braucht auch sie einen Menschen, der sie begeleitet. Allein dafür will sie ihre Ghetto-Rente verwenden. Mila Kret ist bitter enttäuscht von der Deutschen Rentenversicherung: »Ich habe eine Hilfe, die zwei Stunden am Tag kommt, aber ich brauche eine, die vier, fünf Stunden kommt. Eine, die zwei Stunden kommt, geht schon wieder, kaum ist sie gekommen. Sie kann mir überhaupt nicht helfen. Ich bin den ganzen Tag allein mit den vier Wänden. Die Wände gucken mich an und ich gucke die Wände an. Das habe ich den ganzen Tag. Ich sitze und sitze – den ganzen Tag allein.«

Der Mann, der ihr helfen könnte, heißt Chaim Kurt Sternschuss und hat ein Büro in Tel Aviv. Er ist 80 Jahre alt und arbeitet immer noch – als Angestellter der »Vereinigung für Rentenberechtigte aus der Bundesrepublik Deutschland«. Sternschuss wurde in Tschernowitz geboren, das früher zu Österreich gehörte und heute in der Ukraine liegt. Als Elfjähriger kam er ins Ghetto, arbeitete auf Zuckerrüben- und Tabakfeldern. Sternschuss selbst bekommt eine Ghetto-Rente. Seit 24 Jahren stellt der frühere Direktor einer Bankfiliale in Israel auch für andere die Anträge auf die verschiedenen Renten für Holocaust-Überlebende – natürlich gegen Honorar. Chaim Kurt

Sternschuss weiß alles über Fristen, zuständige Ämter in Deutschland und Israel, über die Voraussetzungen für einen Antrag, und welche Belege man vorlegen muss.

Sternschuss sucht einen Antrag von November 2010 aus seinen Akten. Bis zum März 2011 habe es keinerlei Fortschritt gegeben: »Wir hörten nichts über diese Sache.« Und: »Wir haben viele solche.«

Die monatliche Ghetto-Rente falle ganz unterschiedlich aus, berichtet er. Mancher Antragsteller bekomme 45 Euro monatlich, andere 300 Euro im Monat. Die Zusammenarbeit mit der Behörde, der Deutschen Rentenversicherung in Düsseldorf, sei angenehm. »Die Behörde ist freundlich. Die Leute, die dort arbeiten, die Beamten, sind sehr freundlich, antworten – je nachdem – 80 Prozent [haben] eine richtige, positive Einstellung.«

Der deutschen Renten-Bürokratie will Sternschuss keine Vorwürfe machen – trotz der langen Wartezeiten vieler Antragsteller. Aber oft versteht er die Logik der Rentenbescheide nicht. Ob man Erfolg habe, hänge oft vom Sachbearbeiter ab.

»Es ist keine taktische Verschleppung«, erklärt er, »es sind aber verschiedene bürokratische Durchführungen. Ich gebe ein Beispiel: zwei Zwillingsbrüder, die die Anträge durch uns gestellt haben. Die Anträge gingen an zwei verschiedene Referenten. Ein Antrag wurde binnen drei Monaten durchgeführt, der andere schon seit fünf, sechs Monaten nicht.«

Die Ghetto-Rente ist das jüngste und vielleicht letzte Kapitel in der Geschichte der Entschädigung der Holocaust-Opfer. Es besteht ein Gewirr von Behörden und

Zuständigkeiten für die Entschädigung: für Freiheitsentzug, für Gesundheitsschäden, für Zwangsarbeit – und sogenannte »freiwillige Arbeit« im Falle der Ghetto-Rente. In Israel leben heute noch 200 000 Überlebende. 125 000 von ihnen bekommen die unterschiedlichsten Spezial-Renten, zum Teil direkt aus Deutschland, zum Teil über israelische Behörden.

In dem Gewirr spielt auch der Staat Israel eine – nicht immer rühmliche – Rolle. Denn nach dem Wiedergutmachungsabkommen von 1953 war für die Entschädigung nicht-deutscher Überlebender Israel zuständig. Die israelischen Behörden zahlen bis heute Entschädigungsrenten – natürlich aus Geldern, die sie aus Deutschland erhalten haben. Wer seinen Antrag zu spät stellte oder nach dem Stichdatum Oktober 1953 nach Israel eingewandert war, bekam jahrzehntelang überhaupt keine Entschädigung. Erst vor vier Jahren, im Jahr 2007, reagierte die israelische Regierung auf diesen Missstand. Der Vorwurf stand im Raum, der Staat Israel habe sich auf Kosten der Holocaust-Opfer bereichert. Schließlich reagierte die Regierung auf Protestdemonstrationen bettelarmer Schoah-Überlebender.

Die Israelis, die beim Antragstellen zwischen alle Stühle fielen, bekommen jetzt eine Entschädigung in Höhe von 200 bis 300 Euro monatlich vom Staat Israel ausbezahlt – zusätzlich zur üblichen Altersrente. Zudem gilt das Urteil der staatlich eingesetzten Kommission um die Richterin Dalia Dorner. Danach muss eine israelische Überlebenden-Zusatzrente mindestens 75 Prozent der entsprechenden deutschen Überlebenden-Rente betragen. Aharon

Mor, zuständiger Regierungsdirektor im Büro von Ministerpräsident Netanjahu, sieht die Versäumnisse des Staates: »Es wurde also viel getan – gleichwohl sagen manche, das sei nicht genug. Ich glaube, dass mehr getan werden muss, und es ist unser großer Stolz, als Mitarbeiter der Regierung alle Schritte zu unternehmen, um den Überlebenden zu helfen und sie zu unterstützen.«

Dennoch lebt nach Angaben von Mor immer noch ein Drittel der Schoah-Überlebenden in Israel unter dem Existenzminimum. Der Staat Israel hat auf diesen Missstand reagiert. Die Betroffenen bekommen die Krankenversorgung und Medikamente mittlerweile fast umsonst. Wasser und Strom erhalten sie zu ermäßigten Preisen. »Die Regierung Israels hat in den vergangenen Jahren über zwei Milliarden Schekel für die gesundheitliche Versorgung und soziale Leistungen für die Überlebenden bereitgestellt«, beteuert Mor, »wir sind immer noch dabei und versuchen, so vielen Überlebenden wie möglich zu helfen«.

Am Ende treffen wir doch noch einen Mann, dem – wie es scheint – geholfen ist. Er heißt Chaim Bendersky und ist 84 Jahre alt. Er stammt aus der Ukraine und arbeitete im moldawischen Ghetto von Ribnica. Bendersky striegelte Pferde, schleppte Steine und Sand. Seit 20 Jahren lebt er in Israel. Auch er musste fast zwei Jahre warten, bis die Rente kam. Heute erhält er jeden Monat 331 Euro Ghetto-Rente aus Deutschland. Auf die Frage, ob er zufrieden sei, bedankt sich Chaim Bendersky. Mit Tränen in den Augen sagt er: »Ich bin sehr zufrieden. Ich kann es mir leisten, mich am Toten Meer zu erholen. Ich habe genug Geld für Lebensmittel, Erholung, fürs Theater. Ich bin sehr dankbar, das ist wunderbar.«

Die Rente aus Deutschland bedeutet nicht nur eine materielle Hilfe, sondern auch eine Anerkennung für die geleistete Arbeit. Wie wichtig Anerkennung ist wusste Noach Flug, der Mann aus Lodz, der bis zu seinem Tod im August 2012 Sprecher der Überlebenden in Israel war: »Das war sehr wichtig. Die Entschädigung war sehr wichtig für viele Leute, die überlebt haben. Man hatte sie beraubt. Sie hatten niemanden. Sie konnten jahrelang nicht lernen. Sie haben sehr gelitten, und sie hatten gesundheitliche [und andere] Schwierigkeiten, und für diese Leute war es wichtig, dass sie eine Rente bekommen haben. Aber es war auch wichtig für Deutschland, dass man anerkannt hat, dass dies ein anderes Deutschland ist als Nazi-Deutschland.«

Bronja Izak aus der Plattenbaustadt Kirjat Jam wartete lange: auf die Rente, auf die Anerkennung ihrer Arbeit im Ghetto Schaulai, auf die Frau, die mit ihr spazieren geht. Auf einmal ging es ganz schnell. Einen Tag nach dem Interview mit Staatssekretär Storm vom Bundesarbeitsministerium, am 16. März 2011, bewilligte die Deutsche Rentenversicherung Bronja Izaks Rente.

Eine Frage blieb nach all den Gesprächen zum Thema mit Beamten hier und dort, mit Ghetto-Arbeitern und Fachleuten übrig: Wer ist eigentlich Jan-Robert von Renesse, der deutsche Richter, dessen Israel-Besuche die Wende und für viele Antragsteller endlich die ersehnte Rente brachte? Ich traf ihn ein halbes Jahr später, im Herbst 2011, in Haifa.

Von Renesse ist ein Mann von stattlicher Größe und Statur, sein dunkelbraunes Haar ist ordentlich gescheitelt. Zugleich spricht aus seinem warmherzigen Blick die Haltung des Richters. Er beginnt seinen juristischen Vortrag an der Universität Haifa über die Geschichte der Wiedergutmachung mit den Worten »Gerechtigkeit erhöht ein Volk – aber die Sünde ist der Leute Verderben« – ein Satz aus dem Alten Testament, aus den Sprüchen Salomos.

Von Renesse ist der beliebteste deutsche Richter in Israel. Er hat sein Amt professionell ausgeübt und zugleich Menschlichkeit bewiesen. Als Richter am Landessozialgericht Essen war er bis zum Frühjahr 2010 für das Thema »Ghetto-Renten« zuständig. Er beschreibt die Ausgangssituation, das Gesetz aus dem Jahr 2002 – und den Skandal: Anfangs wurden 95 Prozent der Anträge abgelehnt. Den Behörden fehlten die Nachweise – und Kenntnisse über das Leben im Ghetto damals. Wenn ehemalige Ghetto-Arbeiter vor einem Gericht gegen die Ablehnung klagen wollten, hatten sie ein Problem, erinnert sich der Richter: »Die Überlebenden, die sich selbst mündlich äußern wollten, hatten im Prinzip keine Chance. Natürlich konnten sie theoretisch nach Deutschland fliegen zu einem Termin und dort sich gegenüber dem Gericht äußern. Viele Überlebende aber leben in prekären wirtschaftlichen Verhältnissen, können sich schon den Flug nicht leisten. Und für viele kommt hinzu, dass es für sie unmöglich ist, das Land der Täter wieder zu betreten, so dass also so gut wie nie eine direkte Kommunikation zwischen dem Gericht und den Überlebenden stattfand außer über das Mittel des Papiers.«

Deshalb reiste von Renesse achtmal nach Israel. In Anhörungen berichteten die ehemaligen Ghetto-Arbeiter über die Umstände ihrer Arbeit: Sie mussten schon als Kinder voll arbeiten, sie bekamen Lohn, aber statt Geld erhielten viele Naturalien wie Gemüse und Obst. Nachweise haben die wenigsten. Die Idee von Renesses, erst nach einer persönlichen Begegnung mit den Ghetto-Arbeitern über die Bewilligung einer Rente zu entscheiden, führte zu völlig anderen Urteilen: »In den Fällen, in denen wir die Überlebenden zu Wort kommen ließen und in denen sie sich selbst vor Gericht äußern konnten, kam es fast immer zu einer Anerkenntnis.«

Das Bundessozialgericht in Kassel bestätigte die Urteilspraxis von Renesses vor vier Jahren. Seither werden die meisten Anträge positiv beschieden. Jan-Robert von Renesse hat zehntausenden Antragstellern zu ihrem Recht verholfen. Der israelische Rechtsanwalt Joel Levi dankt ihm: »Das hat hier eine Stimmung gegeben in Israel: dass hier ein Richter bereit ist, sich zu unterhalten mit Holocaust-Überlebenden, die gelitten haben und die seit Ende des Krieges, seit 45, das sind fast 70 Jahre, nur gewartet haben, dass sie irgendwann ihre Geschichte erzählen können – und hier kommt ein deutscher Richter und ist bereit, sie anzuhören. Dazu kamen natürlich auch seine Urteile, die auch bestätigt wurden von dem Bundessozialgericht in Kassel. Das hat auf uns so einen Eindruck gemacht. Wir haben noch nie so einen Richter gesehen.«

Verloren hat von Renesse selbst. Denn in Deutschland ist ihm niemand dankbar. Im April 2010 wurde der Richter an einen anderen Senat versetzt und ist nicht mehr für sein Fachgebiet, die Ghetto-Renten, zuständig. Er bewarb sich um den Vorsitz eines Senats am Landessozialgericht Essen. Obwohl er als Jurist einen hervorragenden Ruf genoss, wurde nichts aus der Beförderung. Joel Levi, Mitglied der Deutsch-Israelischen Juristenvereinigung, ist empört. Es tue ihm »sehr leid«, dass von Renesses drei Richter-Kollegen, die seine Auffassung nicht teilten und vor ihm andere Urteile gefällt hatten, argwöhnisch auf »diesen jungen Richter, der 1966 geboren ist« geblickt hätten. Von Renesse habe es gewagt, gegen die drei aufzutreten und ein anderes Urteil zu fällen – und dann habe »auch noch das Bundessozialgericht sein Urteil bestätigt«. Levi sieht von Renesse heute als einen, der von seinen Kollegen gejagt wird.

Er wirft dessen Kollegen am Landessozialgericht und dem Landesjustizministerium in Düsseldorf vor, bewusst die Karriere des jungen Richters zu behindern. Das Justizministerium erklärte dazu: »Zur Beförderung von Herrn Dr. von Renesse verbietet der Personaldatenschutz, öffentlich Einzelheiten preiszugeben.«

Bei der Neuausschreibung von Führungspositionen liege es in der Hand jedes Richters, sich erneut zu bewerben. Das empfiehlt das Justizministerium auch dem Richter von Renesse. Joel Levi gibt sich damit nicht zufrieden. Er sieht im Karriereknick des Richters eine Strafe für dessen Rechtsprechung: »Für uns ist das klar, dass zwischen Richtern und Politikern die Politiker scheinbar immer gewinnen, und das tut mir sehr leid.«

Wem gehört Kafka?

Im Literaturbetrieb sind die Beziehungen zwischen Deutschland und Israel frei von diplomatischen Codes und aus Komplexen geborener Rücksicht. Hier wird offen gestritten – um Besitzansprüche auf deutsch-jüdisches Kulturgut. Das Objekt der Begierde sind Briefe und andere Handschriften von Franz Kafka und Max Brod. Gehören die beiden Prager Schriftsteller, gehört ihr geistiges Erbe in Form des papierenen Nachlasses in deutsche oder israelische Archive? Gestritten wird vor Gericht, genauer: vor dem Tel Aviver Familiengericht. Der Prozess findet im fünften Stock eines Geschäftsgebäudes in Ramat Gan statt, einer Vorstadt von Tel Aviv. Es ist ein sonniger Tag im Januar 2010. Der Prozess dauert nun schon zwei Jahre lang. Im Gerichtssaal, einem Zimmer von 20 Quadratmetern, quetschen sich zehn Anwälte, fünf Journalisten und zwei alte Damen auf drei hölzerne Bänke. Familienrichterin Pardo-Kupelman zieht die Stirn kraus. Die resoluten Damen fahren ihr immer wieder dazwischen. Eine von ihnen ist Ruth Wiesler. Gemeinsam mit ihrer Schwester Eva Hoffe reklamiert sie den Inhalt von sechs Bank-Schließfächern für sich. In den Bank-Safes, die sich in Tel Aviv und in der Schweiz befinden, lagern Manuskripte von Franz Kafka und Max Brod.

In einer Prozesspause lässt Ruth Wiesler ihren Zorn heraus. Sie ruft entschieden ins Mikrofon: »Der Nachlass ist unser Privateigentum. Und dazu gehören alle Dokumente, dem Gesetz nach und laut verschiedenen Urteilen. Wir haben eine Schenkungsurkunde. Alle diese Dinge gehören uns. Das ist es.«

Eigentlich hatte Franz Kafka seinen Nachlass dem Prager Freund Max Brod vermacht – mit der Bitte, alles zu verbrennen. Aber Brod floh 1939 vor den Nazis nach Palästina. Er nahm Kafkas Briefe und Manuskripte mit, gab vieles heraus und rettete das literarische Werk. Brod schenkte Kafkas Manuskripte – und seinen eigenen Nachlass – seiner Privatsekretärin Esther Hoffe in Tel Aviv, wie er es in einem Brief bestimmte.

Richterin Pardo-Kupelman entscheidet: Das israelische Justizministerium soll einen Graphologen beauftragen, der die Echtheit dieses Schreibens prüft. Die Töchter von Esther Hoffe haben die Kosten zu tragen. Die Anwälte der Israelischen Nationalbibliothek haben Zweifel, dass das Schreiben von Max Brod echt ist. Die Bibliothek beansprucht die Kafka-Manuskripte für sich. Kafkas Nachlass ist aus der Sicht der Anwälte der Bibliothek nationales Kulturgut. Einer der Anwälte, Meir Heller, legt dem Gericht ein Schreiben von Max Brod vor, das er in der Nationalbibliothek fand. Der Brief Brods an seinen Freund Felix Weltsch lässt die Schenkung an Esther Hoffe in einem neuen Licht erscheinen. Brod schreibt im Jahr 1963, er habe sein Testament revidiert und ihn, Felix Weltsch, zu seinem Testamentsvollstrecker eingesetzt. Für Meir Heller ergibt sich daraus, dass die Töchter von Brods Sekretärin keinen Anspruch auf die Manuskripte erheben dürfen. Heller meint: »Wir haben Beweise dafür. Und verschiedene Quellen sagen, dass Brod in dieser Verfügung bestimmt hat, dass der Nachlass, sein literarischer Nachlass, direkt an die Nationalbibliothek übergehen soll und nicht über Ilse Esther Hoffe.«

Doch die Töchter, Eva Hoffe und Ruth Wiesler, stellen sich stur – auch gegen die Öffnung der Schließfächer, aus der sich für das Gericht neue Erkenntnisse ergeben könnten. Sie wollen verhindern, dass der Inhalt der Safes im Rahmen des Prozesses geöffnet wird. Ihr Anwalt, Oded Hacohen, wehrt sich. Man sei »übereingekommen, ein System zu entwickeln«, so Hacohen, »das es uns erlaubt, auf professionelle Weise die Schließfächer zu öffnen und zu beschreiben, was sich darin befindet, aber auf professionelle Weise, auf eine Weise, die den Wert des Inhalts nicht beschädigt, und ohne die Privatsphäre der Damen und ihrer Familie zu verletzen.« Was hier versucht werde, sei »eine Öffnung der Schließfächer auf eine unverantwortliche, unprofessionelle Weise. Das birgt ein enormes Potenzial, Schaden anzurichten. Und dagegen verwahren wir uns.«

Die Richterin entscheidet, dass die am Prozess Beteiligten die Schließfächer öffnen dürfen. Manuskripte Kafkas, 80 bis 100 Jahre alt, sollen zum ersten Mal seit Jahrzehnten ans Licht kommen. Die Töchter von Max Brods Sekretärin sagen, sie wüssten nichts über den Inhalt der Schließfächer. Ihre Mutter Esther Hoffe starb 2007. Seither durften auch ihre Töchter wegen des laufenden Verfahrens nicht an die Manuskripte heran. Ruth Wiesler ist empört: »Ich war nie an den Schließfächern. Hätte man doch mit meiner Mutter sprechen sollen, sie war da. Nach dem Tod meiner Mutter, bin ich zu den Schließfächern gegangen, habe einen Totenschein vorgelegt und habe mitgeteilt, dass sie gestorben ist. Und seither sind sie verschlossen.«

Außer den Hoffe-Töchtern sitzt noch eine weitere Partei im Gerichtssaal von Ramat Gan, die sich gegen die Öffnung des Kafka-Schatzes sträubt: Sa'ar Fliner, der Anwalt des Deutschen Literaturarchivs in Marbach. Das deutsche Archiv will Kafkas Manuskripte von den Hoffe-Töchtern erwerben. Ein Prachtstück, das Manuskript des Romans »Der Prozeß« befindet sich schon seit 1988 in Marbach. Damals verkaufte Ester Hoffe das Manuskript. Im selben Jahr ersteigerte es das Marbacher Deutsche Literaturarchiv im Londoner Auktionshaus »Sotheby's« – für mehr als drei Millionen D-Mark.

Zu allem Überfluss hat auch noch der Eigentümer der liberalen israelischen Tageszeitung »Ha'aretz«, Amos Schocken, Eigentumsrechte an Kafkas Manuskripten angemeldet – allerdings nicht vor Gericht. Sein Großvater Salman Schocken habe in den 1920er Jahren die Rechte an den Kafka-Handschriften erworben – von Kafkas Eltern, sagt Schocken. Der Streit um die Kafka-Manuskripte ist zu einem Kulturkampf zwischen Deutschland und Israel geworden. Die Israelische Nationalbibliothek in Jerusalem und das Deutsche Literaturarchiv in Marbach ringen um den Nachlass von Max Brod. Die Israelische Nationalbibliothek in Jerusalem wehrt sich gegen die Versuche des Deutschen Literaturarchivs, die bislang unbekannten Schätze von Kafka und Brod aufzukaufen, und reklamiert die Schriften Brods und Kafkas als »nationales Kulturgut«.

25 israelische Professoren unterstützen die Nationalbibliothek in ihrem Prozess gegen die Hoffe-Schwestern. Sie erklären in einem offenen Brief, Max Brod sei Teil des historischen Erbes des Staates Israel. Zu ihnen gehört Dina Porat, Historikerin an der Universität Tel Aviv. »Richtig«, sagt Porat, Deutsch sei »die Sprache, in der Kafka geschrieben hat«. Aber Kafka und Brod seien in Prag geboren. »Sie lebten in Prag, sie hatten Freunde in Prag. Ihre Kultur war ursprünglich nicht deutsch oder deutsch-jüdisch, sondern, wenn überhaupt, eine Mischung aus Deutsch, Jüdisch und Tschechisch. Und sogar wenn die Deutschen in dieser Sache im Namen des deutschen Kulturraumes argumentieren – so bleiben sie doch ursprünglich Prager.«

Zusammen mit den bekannten Holocaust-Forschern Jehuda Bauer und David Bankir und anderen israelischen Wissenschaftlern wehrt sich Dina Porat gegen den neuesten Vorwurf aus Deutschland. Der Kafka-Biograph Rainer Stach hatte zu Beginn des Jahres 2010 in einem Interview mit dem Berliner »Tagesspiegel« gesagt, in Israel fehlten die »milieukundigen Leute«, um die deutschsprachigen Texte Kafkas und Brods zu analysieren. Schon deshalb gehöre der umstrittene Nachlass nach Deutschland. Dina Porat reagiert darauf – stellvertretend für die 25 israelischen Professoren – mit Empörung: »Das ist wirklich ärgerlich. Das grenzt meiner Meinung nach schon an Frechheit. Was soll das heißen? Seit wann gibt es dort mehr Spezialisten für das Werk Kafkas? Und wenn es sie dort gibt – auch hier gibt es welche. Seine Schriften sind auf Hebräisch herausgegeben worden. Seine Werke werden hier studiert. Es gibt Literaturforscher, die sich damit beschäftigen. Was soll das heißen – wir hätten hier nicht das nötige Werkzeug?« Empört ist die Tel Aviver Historikerin auch über die Ambitionen der Hoffe-Schwestern, die Manuskripte zu verkaufen. Der Nachlass Brods und Kafkas sei ihnen anvertraut, aber nicht ihr Besitz. »Ausgerechnet an Deutschland verkaufen zu wollen, das ist inakzeptabel. Was soll ich sagen – das widerspricht der Vorstellung, dass die jüdischen Kulturgüter hier versammelt werden müssen.«

Ein halbes Jahr nach der Entscheidung des Gerichts, die Bank-Safes in Tel Aviv und Zürich zu öffnen, im Juli 2010, wurde das Geheimnis gelüftet – allerdings nur für eine Reihe von Experten. An die Öffentlichkeit drang nur so viel: An beiden Standorten befinden sich Originalmanuskripte von Franz Kafka – und an beiden Standorten befinden sich Manuskripte, die der Kafka-Forschung bisher nicht vorlagen. Unter den Papieren ist auch eine bekannte Kurzgeschichte Kafkas. Die Geschichte ist nicht neu, aber das Manuskript hat außer Kafkas Freund und Nachlassverwalter Max Brod bisher niemand gesehen.

Die Anwälte, Literatur- und Manuskript-Experten hielten sich an eine Abmachung. In der Öffentlichkeit erwähnten sie keine Details über den Inhalt der Schließfächer. Gutachter fanden eine große Zahl von Briefen Kafkas. Eva Hoffe und Ruth Wiesler versuchten mit allen juristischen Mitteln, die Öffnung der Schließfächer zu verhindern – vergebens. Die Töchter von Max Brods Privatsekretärin durften bei der gemeinsamen Sichtung der Schließfächer nicht dabei sein – in Tel Aviv so wenig wie in Zürich.

Wiederum zwei Jahre später, im Oktober 2012, lag dem Gericht eine Liste mit dem Inhalt der Bank-Safes vor. Richterin Pardo-Kupelman stellte ihrem Urteil den Satz voran: »Der Prozess öffnete ein Fenster in die Leben, Sehnsüchte, Frustrationen und Seelen zweier der größten Denker des 20. Jahrhunderts.« Pardo-Kupelman entschied den deutsch-israelischen Kulturkampf zugunsten ihres Staates: Tausende Manuskripte von Franz Kafka und Max Brod gehören in die Israelische Nationalbibliothek. Sie sind nach dem Urteil der Richterin nicht das Eigentum von Eva Hoffe, der Tochter von Brods früherer Privatsekretärin. Ihre Schwester Ruth Wiesler erlebte das Urteil nicht mehr. Sie starb Anfang Mai 2012. Ihr Anwalt Harel Ashwall ist sich sicher, die »juristischen Anhörungen« hätten »einen Beitrag zur Verschlechterung ihres Gesundheitszustandes« geleistet.

Die Richterin befand, es handle sich nicht um eine Schenkung Brods an seine Privatsekretärin. Es habe nie eine vollständige Schenkung gegeben. Brods letzter Wille sei es gewesen, den Nachlass einer öffentlichen Bibliothek zu übergeben.

Für die Israelische Nationalbibliothek ist die Entscheidung ein großer Erfolg. Der akademische Leiter der Bibliothek, Haggai Ben Schammai, erkennt darin den Willen Franz Kafkas: »Ich denke, dass er gewollt hätte, dass die Manuskripte an die Nationalbibliothek gehen. Franz

Kafka hatte die Absicht, ins Land Israel einzuwandern.«
Zum Beweis führt Ben Schammai ein Heft an, in dem
Kafka hebräische Worte aufgeschrieben hat. Er habe in
Prag »Unterrichtsstunden bei einer jungen Frau aus dem
Lande Israel« genommen, »als Vorbereitung für seine Ein-
wanderung«.

Die israelische Literaturwissenschaftlerin Nurit Pagi
jubiliert. Sie schreibt eine Dissertation über Max Brod und
hofft nun auf neue Erkenntnisse – wenn die Manuskripte
Brods und Kafkas öffentlich zugänglich sein werden: »Es
handelt sich um Briefe, um Skizzen für Werke, um Tage-
bücher, um Zeichnungen, die Kafka gemacht hat – 1001
Sachen, die sich in diesem Archiv befinden, das 40 Jahre
lang der Forschung verschlossen war.« Sie hofft gar auf
den »Anfang der Aufnahme einer ganzen Kultur, die zur
Geschichte des jüdischen Volkes gehört«. Pagi glaubt, Staat
und Gesellschaft würden das Denken Kafkas und Brods
»schließlich mit beiden Armen aufnehmen und vielleicht
sogar umsetzen.«

Interview auf Jiddisch – die Ultraorthodoxen

Gehen wir noch weiter zurück in der deutsch-jüdischen Geschichte – ins Mittelalter. Eines der wichtigsten Zentren des – natürlich orthodoxen – Judentums dieser Zeit lag im heutigen Deutschland. Aufgrund von Verfolgungen und Vertreibungen verlagerte es sich vom 12. Jahrhundert an zum großen Teil nach Osteuropa, vor allem nach Polen und Litauen. Dieses »aschkenasische« Judentum ist in Israel bis heute lebendig, vor allem in Jerusalem.

Zwei Männer tanzen auf der Straße, in Mea Shearim, dem Viertel der religiösen Juden in Jerusalem. Sie tragen buschige schwarze Bärte und Schläfenlocken, weiße Hemden und weiße Käppis auf dem Kopf. Sie haben ihren roten Transporter am Straßenrand abgestellt. Er blockiert den Bürgersteig und die enge Straße. Auf dem Dach des Transporters ist ein mächtiger Lautsprecher installiert. Die beiden fassen sich an der Schulter, recken die Arme in die Höhe und lachen. Sie verehren Rabbi Nachman von Bratslaw, der im 18. Jahrhundert in der Ukraine lebte, und halten sich an seine mystische Lehre.

Auf dem Bürgersteig drängen sich Männer in schwarzen Kaftanen an dem störenden Wagen vorbei. Ernst, befremdet, kopfschüttelnd blicken sie auf die tanzenden Männer. Auch sie sind streng religiöse Juden. Aber ihre Kleidung verrät, dass sie zu einer anderen Gruppierung gehören:

schwarzer Hut, Schläfenlocken, an den Hosennähten hängen die Schaufäden ihrer Gebetsschals. Alle hier sind Ultraorthodoxe – und doch sind sie ganz verschieden.

Wir sind auf dem Weg zu Rabbiner Avraham Froilich. Er leitet ein Jeschivah, eine Talmudschule in Mea Shearim. Mit Rabbi Froilich verbindet uns schon eine Freundschaft. Immer wenn es in der Welt der Ultraorthodoxen etwas zu klären oder zu verstehen gibt, erteilt der Rabbi mit dem gepflegten grauen Bart bereitwillig Antworten. Er redet nicht im Sitzen, sondern nimmt das Mikrofon in die Hand und läuft im Wohnzimmer auf und ab.

Es klingelt. Der Postbote, David, kommt vorbei, einfach so. Er will mit Froilich einen Kaffee trinken. »Wie geht es dem verehrten Herrn Rabbiner?«, fragt er. Avraham Froilich geleitet ihn in die Küche und fährt danach im Wohnzimmer fort: »Ich bin von – wie man sagt – Lita'im, obwohl ich aus einer deutschen Familie geboren bin. Meine Eltern sind in Michelstadt geboren und haben in Gelsenkirchen gelebt, aber die Erziehung der Familie, die aus Deutschland gekommen ist, ist näher an der litauischen Erziehung.« Froilichs Familie stammt also aus Deutschland und gehört doch zur Gruppe der »Lita'im«, zu den Litauern. Es gibt zwei Gruppen von streng Religiösen: die Chassidim und die Litauer. Das Zentrum der Litauer war vor dem Holocaust Wilna, die litauische Hauptstadt, das »Jerusalem des Ostens«. Die Lehre der Litauer hatte Einfluss weit über die Grenzen des Landes hinaus, nach Polen, Ungarn – und bis nach Deutschland.

Die Litauer studieren die ganze Woche über den Talmud, das große universale Werk der rabbinischen Literatur. Der Talmud ist eine Auslegung der 613 Gebote aus den fünf Büchern Mose – ein Buch voller Diskussionen über das jüdische Religionsgesetz. Auch die andere große Gruppe der Ultraorthodoxen, die Chassidim, lesen den Talmud, aber sie sind offener für andere religiöse Ausdrucksformen als das Studium: Sie tanzen, singen und deuten die Thorah mystisch. Für Litauer wie Avraham Froilich sind das Ablenkungen vom Eigentlichen. Aber heute, meint er, sei der Unterschied zu den Chassidim gar nicht mehr so erheblich wie zu den Zeiten des großen Rabbis Baal Schem Tov. Er begründete vor 250 Jahren den Chassidismus. Froilich erinnert voller Ehrfurcht an Baal Schem Tov, der den vollen Namen Rabbi Jisrael Baal Schem Tov trug: »Er war in der Ukraine, in Mesritsch. Es war damals eine schwierige Periode für das jüdische Volk, als das Studieren der Thorah, vom Talmud, für das Publikum sehr schwer war. Das Studium des Talmud braucht Ruhe und die richtige Zeit. Damals war eine sehr schwierige Zeit. Die Ukrainer und die Polen haben das Judentum vertrieben und vernichtet.«

Wer in den großen Zentren der streng Religiösen in Israel lebt, kann an der Kleidung erkennen, zu welcher Gruppe ein Charedi, ein Gottesfürchtiger, gehört. Die Chassidim sehen besonders urtümlich aus mit ihren Streimeln, den osteuropäischen Pelzmützen, die sie am Sabbat auch in der Hitze des Orients tragen. An der Farbe der Mäntel lässt sich erkennen, zu welcher Gemeinschaft sie gehören: Gur, Satmer, Bels, Vishnitz, Chabad oder Bratslaw. Einige tragen Knickerbocker-Hosen und Kniestrümpfe, andere breite Gürtel. Die Litauer dagegen wirken weniger fremd. Sie tragen einen schwarzen Hut, Anzug und einen gestutzten Bart. Und sie verzichten auf lange Schläfenlocken. Der Potsdamer Judaist Eik Dödtmann hat die Unterschiede bis ins Detail studiert. Er arbeitet an einer Dissertation über das »Erstarken« der Charedim in Israel. Nach seinen Beobachtungen ist für einen Ultraorthodoxen die Kleidung *das* Erkennungsmerkmal schlechthin. »Wenn man sich in dieser Welt bewegt, wenn man in Bnei Brak oder Mea Schearim aufgewachsen ist«, sagt Dödtmann, »dann kennt man die Codes, die für einen Außenstehenden jetzt nicht sichtbar sind, weil er das Gefühl hat: Die sehen alle gleich aus«.

Gehen wir ein paar Gassen weiter durch Mea Shearim, durch Gassen, die so eng sind, das keine Autos durchfahren können. An einer Straßenecke prangt neben dem schon vertrauten Gewirr von Elektro- und Telefonkabeln ein weißes Blechschild an der Hauswand. »Jeshivat Thorah wa Jir'ah« steht da in großen schwarzen Buchstaben – »Talmudschule Thorah und Gottesfurcht«. Es ist die Kaderschmiede der strengsten Antizionisten unter den Ultraorthodoxen, der Gruppierung »Neturei Karta«. Wie der Name sagt, begreifen sie sich als die »Hüter der Stadt«, als Wächter von Jerusalem. Am Eingang empfängt uns Chaim Erntal, ein weißbärtiger alter Mann im schwarzen Kaftan. Er erklärt, wer die eigentlichen Hüter der Stadt sind: »Die Juden, die die Thorah studieren, die tun, was in der Thorah steht. Diese Juden, die die Thora nicht untergehen lassen – *das* sind die Hüter der Stadt.« Chaim Erntal spricht Jiddisch. Hebräisch als moderne Alltagssprache akzeptiert er nicht. Die Wiederbelebung der biblischen

Sprache durch die Zionisten lehnen die Männer von »Neturei Karta« ab. Modernes Hebräisch zu sprechen, ist für sie eine Sünde – wie überhaupt die zionistische Ideologie. Meine deutschen Fragen versteht er ohne Weiteres, und sein Jiddisch klingt in meinen Ohren wie eine Ehrbezeugung an alte Zeiten.

Die Gründung eines Staates Israel hat für die Gruppierung »Neturei Karta« etwas Anmaßendes. Juden sollen sich ihrer Meinung nach von den anderen Völkern dadurch unterscheiden, dass sie gerade *keinen* weltlichen Staat gründen. Sie leben in der Erwartung des Messias und des mit ihm kommenden göttlichen Staates. Die radikalen Antizionisten unter den Ultraorthodoxen berufen sich auf ein Zitat aus dem Talmud. Da ist im Traktat Ketubbot von drei »Schwüren« die Rede. Die Gottesfürchtigen sollen sich verpflichten, erstens nicht in Massen und mit Gewalt ins Land Israel einzuwandern. Zweitens sollen sie die Völker der Welt nicht herausfordern. Und drittens sollen die Juden geloben, keine eigene Regierung zu bilden. Die Antizionisten unter den Charedim interpretieren diese Maßgaben gegen den Staat Israel.

Die höchste Autorität der Neturei Karta ist Rabbi Reuven Katzenellenbogen. Seine Familie stammt aus Litauen. Der Urgroßvater Katzenellenbogen wanderte schon Mitte des 19. Jahrhunderts nach Palästina ein, vor dem Beginn der zionistischen Einwanderung. Diese Einwanderung des Urgroßvaters hat für Katzenellenbogen eine ganz andere Legitimität – denn sie geschah – anders als die zionistische – ohne Gewalt: »Wir sind hierher gekommen, als die Türken und die Briten regierten – egal wer. Ein

Jude in Amerika wohnt unter Amerikanern. Ein Jude in Amerika will keinen eigenen Staat haben in Amerika. Da sagen wir doch auch nicht, dass wir so viele sind und deshalb etwas Eigenes haben wollen.«

Katzenellenbogen ist stolz, dass alle seine Anhänger lupenreine Antizionisten sind. Das heißt: Sie sind nicht nur ideologisch gegen den Staat, sondern auch praktisch. Sie nehmen kein Kindergeld vom Staat an und keine Stipendien für Talmud-Studenten. Und sie beten nicht an der Westmauer des früheren israelitischen Tempels unterhalb des Felsendoms. Diese sogenannte »Klagemauer« haben die Zionisten 1967 mit Gewalt erobert, und sie wurde zum Wahrzeichen des zionistischen Staates. Für Katzenellenbogen und seinen Adlatus Chaim Erntal ist das inakzeptabel. Dass ein junger Mann, der in der Tradition der Neturei Karta aufwächst, nicht zur israelischen Armee geht, versteht sich von selbst. Es sei, meint Erntal, Juden verboten, ein Gewehr zu tragen oder eine Armee zu haben. »Sich zu schlagen wie die Völker, das ist etwas ganz Schlimmes.« Aber die Zionisten »sind hingegangen und haben sich mit den Arabern bekriegt – das gehört sich nicht. Juden dürfen nicht ins Militär gehen, weil das gegen Gottes Gebot ist«.

Einen so strengen Antizionismus vertreten nur etwa fünf Prozent der Charedim. Die große Mehrheit ist »a-zionistisch«, wie es der Experte Eik Dödtmann formuliert: Sie nehmen Geld vom Staat, aber im alltäglichen Leben ist für diesen Staat kein Platz. Es spielt sich allein in der ultraorthodoxen Gesellschaft ab. Im Zentrum ihrer Frömmigkeit stehen die strenge Einhaltung der 613 Gebote und Verbote in der Thorah, die strikte Einhaltung von Ritualen, das fest gefügte Familienbild und das Ideal des jüdischen gelehrten Mannes. »Das sind die obersten Werte, und der Staat und das Land Israel sind zweitrangig«, erklärt Dödtmann. Für die Minderheit der Antizionisten unter den streng Religiösen sind die zionistischen Werte ein Verrat am Judentum. – Rabbi Chaim Erntal ist übrigens nur zu Gast in der Zentrale der Neturei Karta in Jerusalem. Er wohnt in Beit Schemesch, 30 Kilometer westlich von Jerusalem. Die Stadt mit ihren 90 000 Einwohnern machte Ende 2011 Schlagzeilen. Selbsternannte ultraorthodoxe Sittenwächter bespuckten und beschimpften ein achtjähriges Mädchen auf dem Schulweg. Es war ihrer Ansicht nach nicht züchtig genug gekleidet. Ein paar Wochen später zerstörten Ultraorthodoxe den Wagen einer 25-jährigen Frau, schütteten Putzmittel hinein und zerschlugen die Scheiben. Die Frau hatte Angst, die Männer würden sie töten. Der Grund war wieder die angeblich unzüchtige Kleidung: ein hochgeschlossener Pullover und eine Jeans. Ultraorthodoxe Frauen verhüllen ihr Haar mit Kopftüchern oder Perücken. Sie tragen knöchellange Röcke und Ärmel, die über die Ellenbogen reichen. Chaim Erntal hält die Berichte über die Angriffe von Beit Schemesch für ein Komplott der säkularen Medien gegen die Charedim: »Das stimmt nicht, das ist nicht wahr. Sie wollten nur Propaganda machen gegen die Frommen.«

Bis Mitte der 90er Jahre lebten in Beit Schemesch vor allem säkulare Juden. Mittlerweile aber sind fast drei Viertel der Bevölkerung Ultraorthodoxe. Sie wollen der nichtreligiösen Minderheit ihre Lebensweise aufzwingen:

Nach ihrem Willen soll es getrennte Bürgersteige für Männer und Frauen geben, Geschlechtertrennung auch an den Kassen im Supermarkt. Beit Schemesch ist ein Symbol für das Wachstum der Charedim geworden. Von den 7,6 Millionen Israelis sind heute etwa 700 000 bis 800 000 Ultraorthodoxe, also etwa 10 Prozent. In den Anfängen des Staates waren sie eine verschwindende Minderheit. Aber eine ultraorthodoxe Frau bekommt im statistischen Durchschnitt 6,5 Kinder, eine säkulare Israelin nur 2,6 Kinder. In den kommenden zwei Jahrzenten werden die *säkularen* Israelis zur Minderheit werden: Ultraorthodoxe, Nationalreligiöse und Araber werden weiter wachsen. Das zionistische Projekt gerät in Gefahr. In den weltlichen Medien herrschte Alarmstimmung, als deutlich wurde, dass Beit Schemesch in kurzer Zeit faktisch von den Religiösen übernommen worden ist.

Mit dem allgemeinen Wachstum der Ultraorthodoxen werden auch die radikalen Gruppen unter ihnen langsam größer. In Beit Schemesch etwa leben 100 Vertreter der »Sikrikim« oder »Sikarier«. Sie sympathisieren mit den Antizionisten um Rabbi Katzenellenbogen von der Gruppe Neturei Karta. Für sie ist das züchtige Auftreten ein zentrales Thema – und überhaupt die Einhaltung ihrer engen Auslegung der Thorah. Sie stürmten einen Laden, der Eiscreme verkaufte, weil sie das Lecken von Eis als unzüchtig empfinden. Sie verwüsteten ein Elektronikgeschäft, das Videorekorder anbot, und einen Buchladen, der zionistische Literatur verkaufte.

In Jerusalem dauert der Kulturkampf zwischen Ultraorthodoxen und säkularen Israelis schon jahrzehntelang.

Im Sommer 2009 kämpften die Religiösen gegen den Beschluss der Jerusalemer Stadtverwaltung, im Zentrum der Stadt ein Parkhaus auch am heiligen Ruhetag, dem Sabbat, zu öffnen. »Schabbes«, riefen die Demonstranten, warfen Steine auf das Auto des Bürgermeisters, zündeten Mülltonnen an und lieferten sich Straßenschlachten mit der Polizei. Eik Dödtmann erläutert die Strategie der Charedim: »Dort gibt's dann einen sehr großen Impuls, einen sehr großen Aktivismus gegen den Staat, und das ist natürlich sehr medienwirksam. Man weiß quasi, wie man sich inszeniert und wie man im Endeffekt stärker aussieht als man in Wirklichkeit ist. Man hat de facto nicht die große Unterstützung in der ultraorthodoxen Bevölkerung, aber für dezidierte Aktionen kann man immer wieder auch die Massen mobilisieren.«

Für Demonstrationen wie diese schaffen es die fünf Prozent der radikalen Antizionisten hin und wieder, auch die sonst eher gemäßigten Gruppen aus der Mitte des ultraorthodoxen Spektrums auf die Straßen zu bringen. Aber der Eindruck täuscht: Die Mehrheit der Ultraorthodoxen duldet die anderen Regeln, die in der säkularen Gesellschaft gelten. Den radikalen Antizionisten steht innerhalb der Ultraorthodoxen eine große Gruppe von Unterstützern des Staates Israel gegenüber. Allein die Chassiden der »Chabad«-Bewegung haben 50 000 Anhänger in Israel. Ihr Oberhaupt war jahrzehntelang der Rabbi aus Lubawitsch, Menachem Schneerson. Er residierte in New York, äußerte sich skeptisch gegenüber dem ideologischen Zionismus, unterstützte die Zionisten aber praktisch. Ein Teil seiner Anhänger verehrt ihn als Messias, obwohl er 1994 gestorben ist. Direkt neben dem Flughafen Ben Gurion bei Tel Aviv haben die »Lubawitscher« ein eigenes Dorf gegründet: Kfar Chabad. Dort haben sie 1987 das Zentrum ihrer Bewegung nachgebaut, das Haus 77 Eastern Parkway in Brooklyn, New York. Völlig isoliert steht der New Yorker Klinker-Bau auf einem Hügel im Dorf. Drinnen präsentieren sie Interessierten einen Film. Er zeigt Rabbi Schneerson vor einem Publikum schwarz gekleideter orthodoxer Juden. Schneerson singt, am Rednerpult stehend, in schnellem Rhythmus, und das mit Schülern überfüllte Auditorium singt in Ekstase mit. So funktioniert das chassidische Judentum: Die Schüler scharen sich um einen großen charismatischen Rabbi. Was er sagt, das zählt. Auch Menachem Brod, Pressesprecher der Chabad-Bewegung in Israel, hat bei Schneerson in Brooklyn studiert. Er schwärmt von ihm und von seinem Charisma: »Er hatte eine gewaltige innere Kraft. Man hat einen Menschen gesehen, der wirklich authentisch ist. Der meint, was er sagt, und tut das auch, was er sagt. Deswegen ist eine sehr tiefe Verbindung zwischen den Leuten und dem Rabbi entstanden. Wenn der Rabbi nur eine Handbewegung gemacht hat, dann hast du schon gespürt, wie du aufspringst – er war viel mehr als der Dirigent eines Orchesters. Man hat einfach gespürt, dass er dich von innen motiviert.«

Eik Dödtmann, der Judaist von der Universität Potsdam, erklärt, wie wichtig *der* Rabbi für die Chassiden ist: Ein Chassid ist der Angehörige eines chassidischen Hofes. Dort gibt es einen Rabbiner, den »Admor«, *admoreinu, moreinu werabeinu*, den Meister. Er ist die Führungspersönlichkeit, die Rat gibt und Taten vorgibt. Für alle Lebenslagen. Dödtmann hebt hervor, wie umfassend die Kompetenz des Admor ist. Er bestimmt, »wen man wählen soll, wie man mit Fruchtbarkeitsproblemen in der Familie umgeht und wie man mit dem schlechten Benehmen der Kinder zu Hause umgeht«. Und er gibt die theologische Linie vor: »Chabad« etwa ist eine Abkürzung der drei hebräischen Worte »Chochma – Bina – Da'at«, also »Weisheit, Verstand und Wissen«. Das war das Programm des Rabbi Schneerson. Für Menachem Brod besteht in der Lehre Schneersons ein untrennbarer Zusammenhang aus Intellekt und Emotion: »Wenn du den Dingen auf den Grund gehst, durch den Prozess des Nachdenkens, dann weckst du die richtigen Gefühle in deinem Herzen. Wenn du zum Beispiel froh sein möchtest – wie machst du das? Du denkst an Dinge, die dir Freude bringen. Du denkst daran, wie gut es dir eigentlich geht. Und wie nebensächlich die kleinen Dinge sind, die dich stören im Vergleich zu den wirklich wichtigen Dingen. Du denkst daran, dass der Schöpfer die ganze Zeit bei dir ist und über dich wacht. Wenn du über alle diese Dinge gründlich nachdenkst und meditierst, dann führt es dich zur Freude.«

100 Kilometer nördlich von Kfar Chabad, in In Kfar Jeheskel bei Afula, in der Jesreel-Ebene, wohnt der Chasside Dudi Zilberschlag. Er gehört zu den Vishnitzer Chassiden, einer Gemeinde, die ursprünglich aus einem Dorf in der heutigen Ukraine stammt. Heute gehören etwa 50 000 Charedim zur Gruppe der Vishnitzer. Dudi Zilberschlag ist aufs Land gezogen, in die Nähe säkularer Kibbutzim. Dort will er den Nichtreligiösen die Thorah nahebringen.

Aus seiner Sicht sind im Chassidismus Freude und Gehorsam zentral: »Im Chassidismus geht es vor allem darum, dass der Mensch immer voller Freude sein soll. Und darum, dass er anerkennen muss, dass Gott uns alles vorschreibt. Im Chassidismus fließt der Dienst an Gott in alle Bereiche des Lebens ein, also auch in die Arbeit, in den Militärdienst – etwas, was der Chassidismus immer wieder gepredigt hat.« Der 54-jährige Zilberschlag, ein Mann mit einem warmherzigen Blick, hat keine Berührungsängste mit dem Staat Israel. Er hat einen verkürzten Wehrdienst in der israelischen Armee geleistet, tritt im weltlichen Radio und Fernsehen auf. Zilberschlag macht Öffentlichkeitsarbeit für eine Werbeagentur.

Zurück nach Jerusalem, in die Talmudschule »Kowna« am westlichen Stadtrand. Sie ist benannt nach der litauischen Stadt Kaunas. Lehrer und Schüler haben sich zum Mittagsgebet versammelt – in einem engen Raum voller Stühle und dem Vorbeterpult. Der Leiter der Jeschivah, der 29-jährige Aharon Shapira, leiht für das Mittagsgebet auch einem Nichtjuden gern seine schwarze Samtkippah. Die Jeschivah »Kowna« wurde erst vor drei Jahren gegründet. 50 junge Männer lernen hier. Shapira stammt aus einem alten litauischen Rabbinergeschlecht. Stolz ordnet er die »Litauer« als Elite der streng Religiösen ein: »Die litauischen Orthodoxen sind die konsequentesten. Das heißt, sie sind diejenigen, für die das Thorah-Studium das ganze Leben ist. Bei den Chassidim gibt es dagegen auch Prinzipien wie lange Gebete, Gesang und den Besuch von Gräbern heiliger Rabbiner – viele Dinge, die nicht aus der Thorah stammen, sondern jüdische Tradition sind.« Die Litauer hielten sich dagegen an die Regel »Thorah und nur Thorah«. Das bedeutet nach Aharon Shapira: »Von morgens bis abends, sieben Tage in der Woche sitzen und lernen, auch in den Ferien oder an Feiertagen. Immer nur lernen.«

Die Litauer sind – im Gegensatz zu den etwas volkstümlicheren Chassiden – tatsächlich die intellektuelle Elite unter den streng Religiösen. Ihre Talmudschulen genießen das höchste Ansehen. Nicht der charismatische Rabbi schart seine Schüler um sich, sondern der Leiter einer Talmudschule, der »Rosh Jeschivah«. Rabbi Shapira schildert den Arbeitstag eines litauischen Gottesfürchtigen in der Talmudschule: »Sie stehen morgens auf, dann kommt das Gebet von einer halben oder einer Stunde. Direkt danach wird den ganzen Vormittag gelernt. Nach dem Mittagessen wird den ganzen Nachmittag gelernt, dann kommt das Abendessen, danach wird wieder studiert, den ganzen Abend. Dasselbe auch freitags und am Sabbat.« Das ganze Jahr über dreht sich das ganze Leben nur um die Thorah und die Jeschivah.

Anders als bei den Chassiden, wo mehrere »Höfe« oder Gemeinden mit rabbinischen Führern miteinander konkurrieren, gibt es bei den Litauern *eine* höchste Autorität im Lande. Das war bis zu seinem Tod im Juli 2012 der Jerusalemer Rabbi Josef Shalom Eljashiv. Er wurde 102 Jahre alt. Jetzt herrscht unter den litauischen Ultraorthodoxen ein unerbittlicher Streit um die Nachfolge. Die besten Aussichten hat Rabbi Aharon Leib Steinmann aus Bnei Brak, der Ultraorthodoxen-Vorstadt von Tel Aviv. Steinmann war 98 Jahre alt, als Eljashiv starb.

Was Litauer und Chassidim verbindet, ist dies: Sie gehen mehrheitlich nicht arbeiten. 55 Prozent der männlichen Ultraorthodoxen widmen ihr Leben ganz dem Studium der heiligen Schriften und ihrem Glauben. Das ist ein künstlicher Zustand. In den osteuropäischen Herkunftsorten war es üblich, dass die Gottesfürchtigen auch einen weltlichen Beruf hatten – bis auf wenige Rabbiner. Menachem Brod, der Sprecher der chassidischen Chabad-Gemeide, erklärt, warum es in Israel heute anders ist: »Die Wahrheit ist, dass es das so in der Vergangenheit nicht gegeben hat. Früher hat ein sehr kleiner Teil des Volkes Israel die Thorah studiert, und die anderen, auch die Ultraorthodoxen, haben gearbeitet. Dann kam es zu einer Reaktion auf die Schoah: Die Schoah hat uns diese Welt des Thorah-Studiums zerstört, all die Meister des Thorah-Studiums wurden durch die Schoah vernichtet. Deswegen muss die Welt des Thorah-Studiums wieder aufgebaut werden, und daher hat man gesagt: Jetzt sollen alle nur noch Thorah studieren.« Das Konzept ging auf. Die Ultraorthodoxen stellen heute zehn Prozent der Bevölkerung – und sie haben ihre Welt der Thorah sichtbar wieder aufgebaut. Brod schränkt ein: »Aber jetzt ist sie schon zu groß geworden, man kann das gar nicht mehr aufrechterhalten. Deswegen beginnt jetzt in der gesamten charedischen Bevölkerung ein Trend, sich auf den Arbeitsmarkt zu begeben. Es geht einfach nicht anders.«

Immerhin arbeiten 60 Prozent der ultraorthodoxen Frauen. Der Staat unterstützt die Großfamilien durch Kindergeld und Stipendien für verheiratete Studenten an den Talmudschulen. Dennoch leben 60 Prozent der Charedim unterhalb der Armutsgrenze. Eine unproduktive Gesellschaft kann auf Dauer nicht überleben. Das wird immer mehr Charedim klar: In den vergangenen zwei Jahren stieg die Beschäftigungsquote der Ultraorthodoxen von 38 auf 45 Prozent. Dudi Zilberschlag, der Chasside aus dem Norden Israels, ist damit einverstanden. Und er fordert noch mehr: »Es wird ihr ein wenig schwerfallen, aber ich denke, die ultraorthodoxe Gesellschaft wird verstehen, dass sie eine Armee braucht, dass sie die Lasten der Bürger mittragen muss, auch für die Sicherheit.«

Einer der Charedim, die den Militärdienst absolviert haben und einem weltlichen Beruf nachgehen, ist Kobi Arieli. Er ist Moderator beim Armee-Rundfunk. Jeden Vormittag um zehn Uhr hat er seine eigene Show. Zusammen mit einer Co-Moderatorin plaudert er eine ganze Stunde lang, ohne Pause. Arieli sieht eine Annäherung der Ultraorthodoxen an die säkulare israelische Gesellschaft voraus – damit auch an den Arbeitsmarkt und an die Armee: »Der harte Kern wird hart bleiben, und an den Seiten wird es immer größere Öffnungen nach außen geben. Ich bin zu 100 Prozent überzeugt, dass die orthodoxen Juden auf eine absolute Israelisierung zugehen. Die orthodoxen Juden werden sich einfügen und ein Teil der israelischen Gesellschaft werden.« In zehn Jahren werde man in der Notaufnahme der Geburtsstation eines Krankenhauses einen ultraorthodoxen Arzt mit Schläfenlocken und langem Bart antreffen. Und in der Filiale einer großen Krankenkasse, so Arieli, werde es ultraorthodoxe Abteilungsleiter geben. Der Busfahrer, der Armee-Kommandant – sie alle werden in Zukunft ganz selbstverständlich ultraorthodox sein, sieht Kobi Arieli voraus: »Das ist ein Prozess, der zwangsläufig eintreten wird.«

Am weitesten ist dieser Prozess heute schon unter den orientalischen oder sephardischen Ultraorthodoxen vorangeschritten. Ein großer Teil von ihnen arbeitet und leistet den Militärdienst. In der Knesset sind sie mit elf von 120 Sitzen stark vertreten – in der »Schas«-Partei. Aus der Sicht des Knesset-Abgeordneten Chaim Amsalem, eines Abtrünnigen von Schas, müsste die Partei die Integration der Charedim noch stärker vorantreiben: »Ich war der Erste, der gesagt hat: Ich bin ein orthodoxer Jude und zionistisch. Ein orthodoxer Jude und Zionismus – das passt nicht zusammen. Kann es so etwas geben, orthodox und zionistisch? Ja. Denn für mich ist ein orthodoxer Jude jemand, der die Gebote einhält. Und ich bin Zionist, weil ich denke, dass wir den Staat Israel stark machen müssen, dass wir für diesen Staat Militärdienst leisten und arbeiten müssen. Wir müssen das Ghetto verlassen. Wir sind nicht aus den Ghettos geflohen, um hier ein neues, großes Ghetto zu schaffen.«

Für viele Ultraorthodoxe ist diese Rede von der »Israelisierung« der Charedim eine unerträgliche Vorstellung. Ihnen schwebt das Gegenteil vor: ein frommes Volk Israel, das als Ganzes nach den Regeln der Thorah lebt – letztlich ein Gottesstaat. Der Jerusalemer Rabbiner Aharon Shapira warnt vor einem Wandel: »Die Welt der Thorah wacht eifersüchtig über ihren Weg, über ihre Traditionen. Sie ist nicht bereit und wird nie bereit sein, irgendetwas zu verwässern. Im Gegenteil: Diese Welt hat einen klaren Weg, der von unseren Vätern und Vorvätern vorgegeben wurde.

Es ist ein sehr klarer Weg ohne jegliche Abweichungen, nicht mal die kleinste. Und die Welt der Thorah wird mit aller Macht daran festhalten und wird es nicht zulassen, dass eine ›Israelisierung‹ – wie Sie es nennen – passiert. Im Gegenteil: Wir halten an der alten Methode fest, ohne jede Veränderung.«

Relikte des Protestantismus

Werfen wir auch einen Blick auf Spuren der christlich-deutschen Tradition im jüdischen Staat. Die jüngeren Spuren sind leicht zu entdecken. In meiner Zeit als Korrespondent in Tel Aviv bin ich jeden Tag durch ein deutsches Dorf gefahren. Es heißt Sarona und liegt heute nördlich und südlich der Kaplanstraße, einer ungemütlichen Ausfallstraße, die vom Zentrum der Stadt zur Stadtautobahn führt. Auf beiden Seiten der Kaplanstraße stehen wie selbstverständlich zweistöckige deutsche Häuser mit Spitzdächern und Balkonen aus der zweiten Hälfte des 19. Jahrhunderts. Seit 2010 werden die Häuser sorgfältig restauriert. Nun prangt Psalm 99,4 wieder in Frakturschrift an der Fassade eines Hauses an der Kaplanstraße: »Im Reich dieses Königs hat man das Recht lieb.« Darunter steht derselbe Satz in arabischer Kalligraphie.

Sarona ist einer von vielen Orten in Israel, die von der erstaunlich starken Präsenz des deutschen Protestantismus in Palästina im ausgehenden 19. und beginnenden 20. Jahrhundert zeugen. In der Endzeit des Osmanischen Reiches hatten deutsche Siedler und Missionare – neben vielen Einwanderern aus anderen europäischen Staaten – enorme Freiheiten, sich zu entfalten. Das ist bis heute unübersehbar. Anders als die Hinterlassenschaften der Kreuzfahrer, die zum großen Teil von ihren muslimischen

Kontrahenten zerstört wurden, blieben die viel jüngeren Relikte der Missionare und Kirchenvertreter aus dem 19. Jahrhundert erhalten.

Ein Beispiel ist Sarona, die größte von sieben Siedlungen der »Tempelgesellschaft« in Palästina. Die pietistische Gruppe der Templer hat ihren Ursprung in der lutherischen Kirche Württembergs. Die Templer traten aus der lutherischen Kirche aus und wanderten Ende der 1860er Jahre nach Palästina aus. Sie wollten als Menschen im Sinne des Neuen Testaments »Tempel Gottes sein« und glaubten an die baldige Rückkehr Jesu Christi, an den nahenden jüngsten Tag. In ihrer Endzeiterwartung glaubten sie auch an die nahende Völkerwallfahrt zum Zion, nach Jerusalem. Zu diesem Zweck wollten sie dem Heiligtum Gottes für alle Völker in Jerusalem nahe sein und der Völkerwallfahrt den Weg ebnen. Die Templer haben nicht nur im heutigen Tel Aviv-Jaffa, sondern auch in Haifa, in Jerusalem, bei Bethlehem, im heutigen Bnei-Atarot in der Nähe des Flughafens Ben-Gurion und in Galiläa Siedlungen erbaut – im Stil deutscher Architektur des 19. Jahrhunderts. Sie bauten im unterentwickelten Palästina aber auch Straßen, entwickelten das Transportwesen und schufen eine Eisen- und Maschinenbauindustrie.

Im historischen Bewusstsein der Zionisten spielten die Templer lange keine Rolle. Ihre Bedeutung für die Entwicklung des Landes wurde verdrängt – und das nicht zufällig. Denn viele Templer neigten nach 1933 zur nationalsozialistischen Ideologie der NSDAP oder wurden gar Mitglieder. In allen Siedlungen in Palästina gab es Ortsgruppen der NSDAP. Nach dem Ausbruch des Zweiten

Weltkrieges internierte die britische Mandatsmacht in Palästina die Templer in vier ihrer Kolonien – auch in Sarona. 1941 wurden die meisten der etwa 1500 Templer von den Briten nach Australien gebracht und dort interniert. Andere kehrten erst nach 1945 von Palästina nach Württemberg zurück.

Heute aber scheint es, als sei das nationalsozialistische Erbe der Templer nicht mehr im Zentrum der Erinnerungen. An jedem Freitag pilgern große Gruppen von Israelis durch Sarona und lassen sich von einem Kenner der Templer-Geschichte erklären, warum bis heute ein deutsches Dorf in Tel Aviv steht. Dabei erfahren sie, dass die israelische Regierung in den Häusern der deutschen Templer in Sarona 1948 ihren ersten Sitz hatte und ihn bis 1955 dort behielt. Der nördliche Teil der aus 100 Häusern bestehenden Siedlung ist seit Jahrzehnten militärisches Sperrgebiet. Heute wird Israel zwar nicht mehr von hier aus regiert, aber das Verteidigungsministerium und die Armee haben bis heute ihren Sitz in Templer-Häusern. Natürlich sind im Laufe der Jahrzehnte moderne Häuser hinzugekommen. Dennoch werden die Häuser der württembergischen Pietisten auch heute noch von der Armee genutzt.

Ein einziges Mal hatte ich Gelegenheit, durch den nördlichen Teil von Sarona zu spazieren und die undurchdringlich scheinenden Mauern und Zäune rund um das Armee-Hauptquartier zu überwinden. Ich hatte einen Termin bei Zvi Hauser, dem Sekretär des israelischen Kabinetts. So spazierte ich zwischen Templer-Häusern hin zu einem Gebäude, wo der Kabinettssekretär gelegentlich seinen

Sitz hat: Immer dann, wenn der israelische Regierungschef in Tel Aviv zu tun hat, kann er sich in Sarona, der heutigen »Kirya« der Armee, in ein eigenes Büro zurückziehen, und sein Tross folgt ihm nach.

Südlich von der Kaplan-Straße nutzt der israelische Rundfunk einige der Templer-Häuser. Das Informationsprogramm des israelischen Rundfunks, »Reschet Bet«, eine Art israelischer Deutschlandfunk, sendet aus einem Templer-Haus. 37 Templer-Häuser im nicht abgesperrten südlichen Teil von Sarona sind inzwischen proper herausgeputzt. Sie sollen – zusammen mit Grünflächen und alten ehrwürdigen Bäumen – eine Oase im steinernen Stadtlabyrinth von Tel Aviv werden. Südlich von Sarona entstehen – wie überall in Tel Aviv – Hochhäuser mit kaum bezahlbaren Wohnungen und Büros. Sarona soll künftig der Ort zum Promenieren werden, und in die Templer-Häuser sollen Restaurants, Galerien und Geschäfte einziehen.

Warum aber wendet sich die israelische Gesellschaft diesen deutsch-protestantischen Überbleibseln heute so geradezu rührend zu – trotz der unrühmlichen Vergangenheit ihrer Bewohner? Es sind nicht nur die Solidität der Bauwerke und die parkähnliche Anlage, die die Menschen heute anziehen. Die Templer-Siedlung Sarona hat ihre Bedeutung auch in der Geschichte des Zionismus. Die ersten europäischen Siedler, die im 19. Jahrhundert okzidentale Standards nach Palästina brachten, waren die Templer – und nicht die Zionisten, die erst 1880 in größerer Zahl ins Land kamen. Diese Erkenntnis ist für Israelis heute von Interesse: Nicht allein jüdische Pioniere, sondern auch deutsche Pietisten bereiteten der zionistischen Einwanderung den Weg.

Zu Beginn der Geschichte des modernen Israel wurden die Relikte der Templer genutzt, aber nicht in ihrer historischen Bedeutung gewürdigt. Heute werden sie restauriert wie Kleinode von höchster Bedeutung. Tagelang waren die jüdisch-israelischen Restauratoren auf der Suche nach den deutsch-arabischen Inschriften, meist Bibelzitaten, die die württembergischen Pietisten hier in Stein meißelten: »Bis hierher hat der Herr geholfen« und »Von Zion wird Weisung ausgehen und des Herrn Wort von Jerusalem« (Jesaja 2,3). Es sind zum Teil Worte der Hebräischen Bibel, die die Templer in ihrem Glauben auf die Wiederkunft Jesu Christi hin deuteten. Neben dem Gemeindehaus von Sarona, in dem sich die meisten Inschriften wiederfanden, stand früher auch ein Kirchturm. Die Glocken soll der legendäre israelische Verteidigungsminister Moshe Dajan später an sich genommen haben – für seine archäologische Sammlung.

Das Verhältnis zwischen Exil-Templern und Israelis ist heute im Wesentlichen entspannt. Die früheren Bewohner unternehmen von Australien oder Deutschland aus Reisen ins Land ihrer Vorfahren, ins heutige Israel. Einige Israelis pflegen herzliche Beziehungen zu den Nachkommen der Kolonisatoren aus Deutschland. In der Templer-Siedlung Bnei Atarot nördlich vom Flughafen Ben Gurion war ich eines Tages bei einer israelischen Familie zu Gast. Stolz zeigte mir eine israelische Eigentümerin ihr Templer-Haus aus dem 19. Jahrhundert. Solide gebaut und frisch renoviert trotzt es den Wirren der Geschichte, der orientalischen Sonne und den heftigen Regenfällen des Winters. Jedes Frühjahr, erzählte sie, komme Besuch aus Australien. Die Nachfahren der deutschen Templer-Familie sind regelmäßig zu Gast – dort, wo ihre Väter aus dem Nichts ihre neue Existenz in Palästina aufbauten.

Es gibt aber auch andere, spannungsvolle Beziehungen. So forderte zum Beispiel Helmut Georg Lämmle, der Sohn eines Templers aus Australien, eine Million Schekel Entschädigung von der Stadt Tel Aviv, umgerechnet 250 000 Euro. Schon 1943 war das Grundstück der Templer-Familie in Tel Aviv »für öffentliche Zwecke« enteignet worden. Heute steht auf dem ehemaligen Eigentum der Lämmle-Familie ein Einkaufszentrum. Lämmle hält das für eine Zweckentfremdung des Grundstücks. Nach sieben Jahren eines aufwendigen Prozesses wies der Oberste Gerichtshof Lämmles Ansinnen zurück. Ihm wurden 10 000 Euro Gerichtskosten aufgebrummt.

Sarona ist nur eines von vielen Beispielen deutsch-protestantischer Hinterlassenschaften in Palästina und Israel. Die berühmtesten sind die vier großen Kirchenbauten, die Kaiser Wilhelm II. und seine Frau Auguste Victoria in Jerusalem und Bethlehem hinterlassen haben – oder deren Bau sie förderten: Die evangelische Erlöserkirche steht nur wenige Meter von der Grabeskirche entfernt – und damit vom Ort der Kreuzigung und Auferstehung Jesu. Die Himmelfahrtkirche auf dem Ölberg befindet sich am höchsten Punkt Jerusalems. Von ihrem Turm aus blickt man nach Osten hin bis zum Toten Meer und nach Jordanien. Die deutsch-katholische Dormitio-Abtei besetzt den

Berg Zion an der südwestlichen Ecke der Altstadt, und die Weihnachtskirche in Bethlehem steht unweit der Geburtskirche.

Diese religiös-strategische Besetzung entscheidender Stätten der biblischen Geschichte ist bis heute ein Geschenk an arabische und deutschsprachige Christinnen und Christen. Sie können diese Orte im jüdischen Staat Israel und in den muslimisch geprägten palästinensischen Gebieten unbehelligt aufsuchen. Allein in Jerusalem wären noch viele Orte zu nennen: ein Asyl für Aussätzige, ein Kinderkrankenhaus, ein Templer-Friedhof in der Deutschen Kolonie.

Die aufregendste Entdeckung aber sind die »Schneller-Schulen« in Jerusalem, die an das ultraorthodoxe Viertel Mea Shearim angrenzen. Auch der Komplex der Schneller-Schulen wurde nach 1948 von der israelischen Armee besetzt und in ein Armeelager von stattlicher Größe umgewandelt. 1914 war der Schulkomplex zu einer Größe angewachsen, die das Areal der Jerusalemer Altstadt übertraf. Es handelte sich um die größte pädagogische Einrichtung im Osmanischen Reich. Sie war das Werk des württembergischen Lehrers und Missionars Johann Ludwig Schneller und seiner Nachfahren – ein Werk, das 1860 begann.

»Syrisches Waisenhaus« steht bis heute auf Deutsch am Portal der Kaserne, darüber ein Kirchturm, wie er auch in einem schwäbischen Dorf stehen könnte. Elf Häuser gehörten zu diesem »Syrischen Waisenhaus«. Deutsche Protestanten bildeten in Palästina Waisenkinder aus, die zum Teil aus Syrien stammten. Sie lehrten in einer Schule und in Werkstätten – und brachten die Schüler zum christlichen Glauben. Im Zweiten Weltkrieg, 1940, mussten die Nachfahren Schnellers ihre Mission beenden. Die Briten, die Mandatsmacht in Palästina, wiesen alle Deutschen aus und beschlagnahmten das Gelände für ihre Armee. Acht Jahre später übernahm das israelische Militär den Schneller-Komplex und nutzte ihn 60 Jahre lang. Kurz nachdem die Armee ausgezogen war, gingen der israelische Denkmalschützer Gil Gordon und der damalige deutsche evangelische Propst von Jerusalem, Uwe Gräbe, auf das Grundstück. Sie besichtigten vor allem die Kapelle. Gräbe erinnert sich: »Wir kamen in diese ehemalige alte Kapelle, die wirklich ein großer Müllabladeplatz war. Man konnte sehen: In der Anfangszeit der militärischen Nutzung ist sie wohl mal als Basketballfeld genutzt worden. Zwei abgebrochene Basketballkörbe standen da noch. Aber ansonsten nichts als Müll und Taubenmist. Und mittendrin stand diese eigenartige Kiste.«

Es war ein trauriger Rundgang für Propst Gräbe. Aber was er in der Armee-Turnhalle, der früheren Kapelle des Waisenhauses, gesehen hatte, ließ ihn nicht los. »Als wir längst wieder raus waren aus dem Gebäude, dachte ich: Mensch, da war doch diese Kiste, die da aus dem Müll irgendwie herauslugt. Und die war verdammt gut gezimmert. Und dann hab ich dem Gil Gordon gesagt: Lass uns noch mal nach der Kiste gucken. Der sagt: Gut, gucken wir noch mal.« Der Jerusalemer Denkmalschützer Gordon schlich noch einmal in die Turnhalle, und sie machten eine Entdeckung: Gräbe ließ die Kiste öffnen, und es wurde wider Erwarten ein Altar mit stark beschädigten Mosaiken sichtbar. Gräbe sieht ihn noch »mit Abdrücken von Fußbällen« vor sich und zieht daraus den Schluss: »Also eine gewisse Zeit, bevor diese Kiste gnädigerweise um diesen Altar herumgezimmert worden ist, muss er als Fußballtor genutzt worden sein.« Der Altar ist zwei Meter breit und einen Meter hoch, aus cremefarbenem Jerusalemer Stein gehauen. Ein Mosaik aus goldfarbenen und blauen Steinen ziert die Vorderseite. Das Kreuzmuster ist nur noch zu erahnen. Seit dem Herbst 2010 steht das tonnenschwere Fundstück in der evangelischen Himmelfahrtkirche auf dem Ölberg in einem Seitenschiff. Nach 60 Jahren in der Holzkiste sollen sich dort jetzt Pilgergruppen um den Altar versammeln. Und was wird aus dem Syrischen Waisenhaus? In die von christlichen Missionaren errichteten Gebäude werden ultraorthodoxe Juden einziehen.

Der überraschende Fund in der Kirche, die als Turnhalle gedient hatte, war ein Trost angesichts des Zustandes des ehemaligen Schulkomplexes insgesamt. Uwe Gräbe beschreibt das Bild der Verwüstung: »Wir haben es in dem Zustand gesehen, wie so ein Gelände aussieht, wenn gerade Soldaten abgezogen sind. Also, es war reichlich vermüllt, reichlich in Schutt gelegt.«

Aber die historische Stätte wurde noch übler zugerichtet. Die israelische Armee zog 2009 aus dem »Schneller Camp« ab. Die Jerusalemer Stadtverwaltung übernahm die Verantwortung für den verfallenden Komplex und ließ ihn drei Jahre lang bewachen. Dann wurden die Wächter der Sicherheitsgesellschaften eingespart. Seither ist das Gelände Dieben preisgegeben. Sie sammeln Altmetall und Fliesen oder zerstören die Gebäude ohne wirtschaftliche

Absichten. Die Stadt plant auf dem Gelände 600 Wohnungen für ultraorthodoxe Juden und einen öffentlichen Park. Noch fehlt das Geld für die Sanierung. Die meisten Gebäude stehen leer. Eines dient schon jetzt als ultraorthodoxe Mädchenschule. In einem anderen hat die Gemeinschaft der Chassiden von Gur eine Grundschule untergebracht. Das Kirchengebäude verfällt und wird ausgeschlachtet. Allein die Restaurierung der Kirche würde etwa zehn Millionen Euro kosten. Die Stadt Jerusalem will in dem Gebäude ein Museum einrichten.

Die großen Zeiten des Schneller-Komplexes sind vorbei. Die Nachfolge-Schulen stehen in Jordanien und im Libanon. Dennoch schmerzt es, den Verfall des historischen Geländes in Jerusalem mit ansehen zu müssen. Die Rettung des Altars in die Himmelfahrtkirche ist ein Trost – aber ein schwacher.

Gegenseitige Anziehung –
zwischen Kindergarten und Fußballplatz

Die Begegnung mit den Menschen in Israel ist mehr als
ein Trost. Manchmal ist sie ein Segen, ein Geschenk. Es
ist der Neujahrsmorgen des Jahres 2012, in Israel ein nor-
maler Werktag, ein Sonntag. Um 10 Uhr halten zwei
Scherut-Taxis vor der Haustür, zwei dieser bunten Minibusse, die sich nach einem festen Linienplan durch die
Hauptstraßen von Tel Aviv kämpfen. An diesem Morgen
aber dürfen zwei Busse eine Sonderfahrt einlegen und in
unsere kleine Seitenstraße einbiegen, eine Parallelstraße
der zentralen Verkehrsader, der Dizengoff-Straße. Als die
Fahrer die Türen öffnen, stürzen 25 Kinder auf den Bürgersteig, drei- bis sechsjährige Mädchen und Jungen aus
einem Tel Aviver Kindergarten. Alle kommen aus jüdischen Familien, und ihre Muttersprache ist Hebräisch. Die
Kinder laufen die Treppen hoch, bis zur Eingangstür im
dritten Stock. Dort kommt es zu einem triumphalen Emp-
fang: Sie marschieren ein, begleitet von Johann Sebastian
Bachs Weihnachtsoratorium – einer für sie fremden Musik, deren Feierlichkeit sie aber auch spüren. Im Wohnzimmer steht ein Weihnachtsbaum, eine etwas karge und
angetrocknete Zypresse aus Galiläa, die immerhin bis
zur Decke reicht. Am Baum hängen gläserne Kugeln, Tan-
nenzapfen, glitzernde Sterne und Schokolade in bunt be-

druckter Aluminiumfolie. Die Kinder setzen sich im Halbkreis um den Weihnachtsbaum auf den Boden.

Ich erkläre ihnen, was wir Christen zu Weihnachten feiern, was es mit dem Baum auf sich hat – und was das Christentum mit dem Judentum gemein hat. Unser Sohn, der einzige Nichtjude im Kindergarten, präsentiert stolz seine Geschenke. Zum Abschluss singen wir noch ein paar Weihnachtslieder und verteilen Gebäck. Die Kinder hören gespannt zu – sie sind beeindruckt von der Schönheit der Weihnachtsbräuche, vielleicht auch befremdet. Das ganze Jahr lang übertrumpfen die jüdischen Feste die christlichen: der Seder-Abend in der Familie am Pessachfest, die symbolschwangeren Speisen zu Neujahr, das radikale Fasten am Jom Kippur und das Leben in der Laubhütte zu Sukkot – all das ist weit aufregender als Ostern, Pfingsten, Erntedank und eine endlos lange Reihe von Sonntagen nach Trinitatis. Zu Weihnachten aber haben wir Christen wirklich etwas zu bieten.

Und das Erstaunlichste ist: Yamli, die Leiterin des Kindergartens in der Tel Aviver Innenstadt, charterte zwei Minibusse für den Besuch in einer christlichen, deutschen Familie, um ihren jüdischen Buben und Mädchen Weihnachten und das Christentum vorzustellen. Das zeugt von Offenheit, von Souveränität – und von einer eigenartigen Anziehung. Natürlich wollte Yamli den Kindern zeigen, in welcher anderen religiösen Welt unser Sohn lebt, der einzige christliche Junge im Kindergarten. Es war wunderschön zu erleben, wie unkompliziert der Kindergarten ihn aufgenommen hat. Er war anderthalb Jahre alt, als wir für fünf Jahre nach Israel zogen. Als er zu sprechen anfing, begannen auch die anderen. Deutsch sog er zu Hause auf, Hebräisch im Kindergarten. Inzwischen spricht er die Sprache fast genauso perfekt wie seine Freunde, sein Wortschatz ist gerade in der Buddelkasten- und Alltagssprache größer als unserer. Unser Sohn hat sich angepasst, mehr noch, er lebt außerhalb seines Elternhauses wie selbstverständlich in der jüdisch-israelischen Kultur. Er weiß jüdische Segenssprüche auswendig und kennt den Kinderliederkanon zu den jüdischen Festen ebenso gut wie seine Kindergarten-Genossen. Natürlich tritt er mittlerweile auch auf wie ein Israeli. Er grüßt selten, kommt beim Spielen schnell zur Sache und hat keine Skrupel, stets auf seinen eigenen Vorteil bedacht zu sein. Unser Sohn kehrt als deutscher christlicher Junge mit einer besonderen Erfahrung zurück nach Europa: Er war ein Christ unter Juden, ein Deutscher unter Israelis. Und er hat nie unter seinem Anderssein gelitten.

Im Gegenteil: Die Differenz, die der strohblonde Junge aus Berlin mitbrachte, hat ihn in Tel Aviv eher noch interessant gemacht. Unter den israelischen Eltern herrschte mehr als Interesse an ihm und seiner Familie – eine konstruktive, angenehme Neugierde. Nur an einem Punkt haben die Kindergärtner das Anderssein lange nicht begriffen und akzeptiert: Yamli verstand lange nicht, warum der Junge aus Deutschland am Sonntag nicht in den Kindergarten kommt. »Sonntags machen wir immer Musik«, warb sie, aber hatte bei uns keinen Erfolg damit. »Wir fahren sonntags manchmal nach Jerusalem und gehen in die Kirche«, sagte ich ihr ganz direkt – und Yamli begann langsam zu verstehen. Irgendwann akzeptierte sie auch die Abwesenheit des Jungen am Sonntag, dem Montag in der israelischen Woche. Sie verlegte die Musikstunde ihm zuliebe auf einen anderen Tag.

Es mag sein, dass ein so entspanntes Miteinander im säkularen Tel Aviv und seinen Vororten leichter gelingt als in Jerusalem. Dort soll es deutschen Eltern am einen oder anderen Ort schwerer gefallen sein, sich in der Gesellschaft des israelischen Kindergartens zu Hause zu fühlen. Die Abgrenzung jüdisch-israelischer Familien nach außen ist in Jerusalem möglicherweise insgesamt größer. Aber immerhin ist Jerusalem der Ort, an dem die erste deutsche Schule auf israelischem Boden gegründet wird – gefördert vom israelischen Erziehungsministerium.

Es lebt sich in Israel – gerade mit Kindern – sehr entspannt. Kinder schließen die Herzen der Israelis auf, ganz egal, woher sie stammen, und sie brechen das Eis in jeder Konversation. Von Israel aus erscheinen einem die deutschen Debatten verkrampft. Juden und Nichtjuden streiten über die Beschneidung, über das Grass-Gedicht, über die Verleihung des Adorno-Preises an die israelkritische US-amerikanische Sozialphilosophin Judith Butler – und stellen am Ende fest, dass sie sich abermals voneinander entfernt haben. Unter den Bedingungen des israelisch-deutschen Miteinanders sind solche komplexhaften Debatten voller Missverständnisse und antisemitischer Untertöne, voll banger Zukunftssorge, überflüssig. Die alltägliche Begegnung auf dem für Juden sicheren israelischen Boden scheint alle Komplexe wegzuwischen. Die Voraussetzungen für eine Begegnung aus Neugier und Anziehung sind günstig.

Es ist keine Banalität, dies festzustellen und auszusprechen: Viele Deutsche und Israelis spüren eine besondere gegenseitige Anziehung. Sie entsteht aus der historischen Verbindung vor der Schoah, die mindestens 1000 Jahre alt ist. Sie entsteht aber auch aus dem gegenseitigen Gewiesensein. Nachgeborene werden heute wie auch in Zukunft nicht müde werden, die unglaubliche, beschämende, verstörende Geschichte der Schoah zu verstehen. Sie werden auch in Zukunft dieses andere Volk der Täter, dieses andere Volk der Opfer kennenlernen, begreifen wollen. Und immer wieder werden Menschen versuchen, den unüberwindlichen Graben zwischen beiden Völkern zu überbrücken.

An einem Freitagabend im Oktober wird diese Anziehung für mich spürbar wie nie. Ein deutscher Freund feiert seinen Geburtstag am Strand von Tel Aviv. Die Gesellschaft besteht zur Hälfte aus Israelis, zur anderen Hälfte aus Deutschen. Auf dem Grill liegen Schweinswürste, dazu gibt es israelisches Bier. Die Atmosphäre ist entspannt, frei, heiter. Eine Israelin namens Noa vertritt die These, es habe vor der Schoah eine deutsch-jüdische Symbiose gegeben. Noa sagt das und weiß, dass viele diese These widerlegt haben. »Aber es ist doch etwas dran«, meint sie: »Freud, Einstein und all die anderen – so etwas Großes hat es seither nie wieder gegeben.« Und auch heute »ist da noch etwas«, sagt Noa und blickt auf die abendliche Geburtstagsgesellschaft am Strand.

Deutschland scheint Israelis auf merkwürdige Art anzuziehen. Warum sind in Tel Aviv so viele Menschen mit Jacken und Taschen zu sehen, auf denen in großen Buchstaben »BERLIN« steht? Noch mehr überraschte mich ein etwa 30-jähriger Israeli, der ein T-Shirt mit der Aufschrift »VW-Transporter« zur Schau trug. Und selbst die Trainingsjacke des »Tennisclub Iffezheim« schien einer Israelin spannend und interessant genug, um allen ihre philogermanische Ader kundzutun.

Anders als sonst begegnen die Israelis den Deutschen auf dem Fußballplatz allerdings mit Anspannung. Sie leiden unter dem Komplex ewiger Erfolglosigkeit ihrer Nationalmannschaft und der Vereine bei den großen internationalen Wettbewerben. Wenn auf dem Bolzplatz nun ein paar Deutsche stehen, dann weckt das höchste Erwartungen an das besondere Können von Vertretern dieser erfolgreichen Fußballnation. Doch wir haben auch an dieser Stelle die Anspannung in Entspannung verwandelt. Eine Mannschaft deutscher Israel-Korrespondenten tritt wöchentlich bei Flutlicht auf einem Tel Aviver Sportplatz gegen Israelis an. Das Können war bei den meisten dann doch nicht so überzeugend, und der bekannte Qualitätsunterschied ließ sich auf dem Platz überhaupt nicht mehr feststellen. Nur dies können die Deutschen tatsächlich besser, selbst wenn sie längst zu den »Alten Herren« gehören und gegen frische junge israelische Jungs spielen: Sie verstehen Fußball als wirklichen Mannschaftssport. Sie lassen den Ball kreisen und spielen ab – anders als die israelischen Kollegen. Die lieben es, sich in erfolglosen Dribblings zu verlieren, aus allen Lagen aufs Tor zu schießen und anschließend Grundsatzdiskussionen über die mangelnde Leistung des jeweils anderen auf dem Platz zu führen. Bei aller sportlichen Unterlegenheit vermochten wir es, den schnellen und wendigen israelischen Jungs beizubringen, dass man Fußball als Mannschaft spielen muss.

Wie selbstverständlich haben wir uns bei diesen wöchentlichen Treffen auf dem Bolzplatz israelisch-deutsch gemischt und zugleich auch noch hin und wieder Araber aus Jaffa integriert, zudem auch noch österreichische UN-Soldaten, norwegische Journalisten, eine Frauenmannschaft und die halbwüchsigen Kinder französischer Botschaftsmitarbeiter.

Eines Tages, nach dreieinhalb Jahren gemeinsamen Spiels, bekannten die immer größer werdenden israelischen Jungs, dass sie gern gegen uns spielen. »Und, kommt ihr nächsten Donnerstag wieder?«, fragten sie uns müde Alte Herren regelmäßig am Ende des Trainings. Das ist für einen israelischen Knaben von 16 Jahren angesichts der landesüblichen Unhöflichkeit schon eine Liebeserklärung. Wenn wir wegen der Sommerpause ein paar Wochen lang nicht erschienen, erkundigten sich die Jungs gar: »Wo wart ihr?« Aber eins trennte uns bis zuletzt: das Bier nach dem Spiel. Selbst gestandene israelische Männer interessieren sich nach dem Fußball partout nicht für Geselligkeit am Kneipentisch. Manche kamen einmal mit, um uns nicht zu düpieren – aber die für die Deutschen aufregenden Diskussionen, Absprachen und Geschäfte beim Bier müssen für einen Israeli abgrundtief langweilig sein – selbst wenn die Gespräche auf Englisch oder Hebräisch geführt werden.

Wenn wir am Donnerstagabend verschwitzt und in Fußballklamotten in eine Kneipe einkehrten, zuckte kein

Kellner mit der Wimper. Wir waren auch in diesem unmöglichen Aufzug im Biergarten unter den mächtigen Ästen der Ficus-Bäume willkommen – oder in der Bar auf dem Dach, wo immer ein kühler Wind wehte. Der Donnerstagabend ist in Israel das, was der Freitagabend für die Europäer ist: Die Menschen ziehen sich schick an, Paare turteln an der Bar. Unser absolut unpassendes Auftreten im feuchten Fußballdress störte niemanden. Nach drei Jahren wurde der Wirt auf uns aufmerksam und erzählte, er lebe abwechselnd in Tel Aviv und in Berlin.

Ich kann die Zahl der Freunde kaum zählen, bei denen sich aus der gegenseitigen Anziehung mit der Zeit ein alltägliches Miteinander entwickelt hat. Dass ich ein Deutscher bin, spielt in diesen Freundschaften keine Rolle mehr – wenn überhaupt, kommt es gelegentlich in Form von süffisanten Anspielungen vor. Zu diesen lieben Freunden gehören Lilach und Naftali, ein Tel Aviver Paar. Zu meinem Geburtstag machten sie mir ein Geschenk, das mich immer wieder in Staunen versetzt: das Buch »die Kunst des Krieges« von Sun Tzu. Es gehört in der angelsächsischen Kultur zum Bildungskanon des Universitätsabsolventen, ist in Deutschland aber weniger verbreitet.

Sun Tzu war ein chinesischer General und schrieb seine Weisheiten über den Krieg vor etwa 2500 Jahren nieder. Weisheiten wie diese: »Lass' deine Pläne im Dunkeln und undurchdringbar wie die Nacht, und wenn du dich bewegst, falle ein wie der Blitz.« Es wären noch viele weitere Aphorismen von Sun Tzu zu zitieren. Das Unglaubliche an diesem Geschenk scheint dies zu sein: Zwei israelische

Freunde schenken mir, dem Enkel eines preußischen Offiziers, dem Nachkommen einer ganzen Folge preußischer
Offiziere, ein Buch über die Kunst des Krieges. Sie haben
bemerkt, dass dieser deutsche Freund 67 Jahre nach dem
Ende des Zweiten Weltkriegs den Krieg als Mittel zur Lösung von Problemen ablehnt. Und ihnen ist klar geworden, dass dieser Deutsche wie viele andere Israel liebt,
nicht aber die Neigung Israels, seine Existenz mit Krieg
und Armee abzusichern. Lilach und Naftali haben zudem
erkannt, dass dem deutschen Freund das strategische Denken des Kriegführenden fehlt. Das Buch ist mithin eine
Aufforderung, die alten Tugenden des alten Deutschland
nicht völlig zu vergessen: die Tugend der strategischen
Selbstbehauptung. Lilach erklärt mir das Geschenk mit
diesen Worten: Aggressivität gehöre zum Leben.

Ich kann die Freunde für so viel Offenheit nur umso
mehr lieben. Aber an dieser Stelle wird bei aller Anziehung eine Differenz zwischen Israelis und Deutschen
deutlich: Die einen bilden ein Kollektiv von Soldaten, das
auf die Macht der Armee vertraut und damit seine Existenz absichert. Die anderen sind ein Kollektiv von mehrheitlich Kriegsüberdrüssigen, das bis heute von den
Schlachten der Väter, Großväter und Urgroßväter genug
hat. Trotz dieser Differenz bleiben die besonderen Anziehungskräfte zwischen Deutschen und Israelis spürbar.
Worauf richten sich aber die Anziehungskräfte, wenn ich
Israel verlasse? Zu meinem Trost hat sich in Berlin eine
erstaunlich große Gemeinde von Israelis angesiedelt. Und
es heißt, vom Tauentzien bis zum Gendarmenmarkt höre
man immer häufiger Hebräisch.

Wenige Wochen bevor der Container vor unserer Haustür in Tel Aviv steht und unseren gesamten Hausstand in sich aufnimmt, erfahren wir von zwei Israelis, die mit uns ziehen. Es sind zwei von Tausenden, vielleicht Zehntausenden, die Berlin als ihre Heimat ausgewählt haben. Die eine ist Bildende Künstlerin und sucht in Kreuzberg Inspiration. Der andere ist Sänger. Er erzählt, seine Familie habe acht Generationen lang in Berlin gelebt – bis seine Großeltern nach 1933 vor den Nazis fliehen mussten. Den Enkel zieht es mit Macht in die Heimatstadt seiner Großeltern. Und so beginnt in Deutschland gerade das neueste Kapitel einer besonderen Freundschaft.

Andreas Feldtkeller
Syrien
Segen für alle Völker

EVAs Biblische Reiseführer | 7

176 Seiten | Flexcover
ISBN 978-3-374-02825-2
EUR 16,80 [D]

Syrien ist in der Bibel das Land, aus dem Abraham aufbrach, um in ein neues Land zu ziehen, das Gott ihm zeigen wollte. Mit auf den Weg bekam er die Verheißung, dass in ihm alle Geschlechter auf Erden gesegnet sein sollten. Syrien ist das Land, in dem Paulus zum Apostel der Völker berufen wurde, als er nach Damaskus unterwegs war. In der damaligen syrischen Hauptstadt Antiochia begann das Christentum tatsächlich in größerem Stil eine Gemeinschaft aus Menschen verschiedener Völker zu werden. Aus der Sicht des christlichen Glaubens gehört all dies zusammen. Eine Reise nach Syrien lässt uns nachvollziehen, wie der Gottesglaube des Volkes Israel zum Geschenk für alle Völker wurde.

EVANGELISCHE VERLAGSANSTALT
Leipzig   www.eva-leipzig.de

Tel +49 (0) 341/ 7 11 41 -16   vertrieb@eva-leipzig.de